中国法院2024年度案例

国家法官学院　最高人民法院司法案例研究院　/　编

侵权赔偿纠纷

中国法制出版社
CHINA LEGAL PUBLISHING HOUSE

《中国法院2024年度案例》通讯编辑名单

刘晓虹　北京市高级人民法院
王　凯　北京市高级人民法院
张　荷　天津市高级人民法院
徐翠翠　河北省高级人民法院
崔铮亮　山西省高级人民法院
杨智勇　内蒙古自治区高级人民法院
周文政　辽宁省高级人民法院
苏　浩　吉林省高级人民法院
王　妍　黑龙江省高级人民法院
牛晨光　上海市高级人民法院
缪　芳　江苏省高级人民法院
左一凡　江苏省高级人民法院
谷昔伟　江苏省南通市中级人民法院
宋婉龄　江苏省无锡市中级人民法院
杨　治　浙江省高级人民法院
蒋　莹　浙江省高级人民法院
刘伟玲　安徽省高级人民法院
林冬颖　福建省高级人民法院
李智芹　江西省高级人民法院
李　宁　山东省高级人民法院
张　琦　河南省高级人民法院
宋淼军　湖北省高级人民法院
黄　娅　湖北省宜昌市中级人民法院
唐　竞　湖南省高级人民法院
李　雪　广东省高级人民法院
邹尚忠　广西壮族自治区高级人民法院
韦丹萍　广西壮族自治区高级人民法院
黄文楠　海南省高级人民法院
吴　小　重庆市高级人民法院
任　梦　四川省高级人民法院
杨俊杰　云南省高级人民法院
赵鸿章　云南省昆明市中级人民法院
颜　源　贵州省高级人民法院
戚　雷　贵州省贵阳市中级人民法院
王丽萍　西藏自治区高级人民法院
郑亚非　陕西省高级人民法院
张旦旦　甘肃省高级人民法院
王　晶　青海省高级人民法院
康　莹　宁夏回族自治区高级人民法院
石孝能　新疆维吾尔自治区高级人民法院
洪超胜　新疆维吾尔自治区高级人民法院生产建设兵团分院

序

党的二十大擘画了全面建成社会主义现代化强国、以中国式现代化全面推进中华民族伟大复兴的宏伟蓝图，强调全面依法治国是国家治理的一场深刻革命，必须更好发挥法治固根本、稳预期、利长远的保障作用，在法治轨道上全面建设社会主义现代化国家。为落实习近平总书记“一个案例胜过一打文件”的重要指示精神，人民法院始终把完善中国特色案例制度，加强司法案例研究作为推进全面依法治国、支撑和服务中国式现代化的重要途径，通过发布具有普遍指导意义的典型案例，统一法律适用、提高审判质效，提升司法公信力，努力让人民群众在每一个司法案件中感受到公平正义。为更好满足社会各界和人民群众多元化司法需求，把习近平法治思想落实到人民法院审判工作全过程各方面，人民法院案例库于2024年2月27日正式上线并向社会开放，这是进一步完善中国特色案例制度的重要举措，是最高人民法院推出的新的“公共法律服务产品”。

“中国法院年度案例系列”丛书以及时记录人民法院司法审判工作新发展、新成就为己任，通过总结提炼典型案例的裁判规则、裁判方法和裁判理念，发挥案例鲜活生动、针对性强的优势，以案释法，以点带面，有针对性地阐释法律条文和立法精神，促进社会公众通过案例更加方便地学习法律，领悟法治精神，发挥司法规范、指导、评价、引领的重要作用，大力弘扬社会主义核心价值观，积极服务人民法院案例库建设，加强案例库案例研究，促进统一法律适用、提升审判质效，丰富实践法学研究，增强全民法治意识和法治素养，展现新时代我国法治建设新成就。

“中国法院年度案例系列”丛书自2012年编辑出版以来，已连续出版13年，受到读者广泛好评。为更加全面地反映我国司法审判执行工作的发展进程，顺应审判执行实践需要，响应读者需求，丛书于2014年度新增金融纠纷、行政纠纷、刑事案例3个分册，2015年度将刑事案例调整为刑法总则案例、刑法分则案例2个分册，2016年度新增知识产权纠纷分册，2017年度新增执行案例分册，2018年度将刑事案例扩充为4个分册，2022年度将土地纠纷（含林地纠纷）分册改为土地纠纷（含环境资源纠纷）分册。自2020年起，丛书由国家法官学院与最高人民法院司法案例研究院共同编辑，每年年初定期出版。在全国各级人民法院的大力支持下，丛书编委会现编辑出版《中国法院2024年度案例系列》丛书，共23册。

“中国法院年度案例系列”丛书以开放务实的态度、简洁明快的风格，在编辑过程中坚持以下方法，努力让案例书籍“好读有用”：一是高度提炼案例内容，控制案例篇幅，每个案例字数基本在3000字左右；二是突出争议焦点，尽可能在有限的篇幅内为读者提供更多有效、有益的信息；三是注重释法说理，大多数案例由法官撰写“法官后语”，高度提炼、总结案例的指导价值，力求引发读者思考，为司法审判提供借鉴，为法学研究提供启迪。

“中国法院年度案例系列”丛书编辑工作坚持以下原则：一是以研究案例库案例为首要任务。自今年起，“中国法院年度案例系列”丛书优先选用人民法院案例库案例作为研究对象，力求对案例库案例裁判要旨的基本内涵、价值导向、法理基础、适用要点等进行深入分析，增强丛书的权威性、参考性。二是广泛选编案例。国家法官学院和最高人民法院司法案例研究院每年通过各高级人民法院从全国各地法院汇集上一年度审结的典型案例近万件，使该丛书有广泛的精选基础，通过优中选优，可提供给读者新近发生的全国各地多种类型的典型性、疑难性案例。三是方便读者检索。丛书坚持以读者为本，做到分卷细化，每卷案例主要根据案由（罪名）分类编排，每个案例用一句话概括裁判规则、裁判思路、裁判理念、裁判方法或焦点问题作为主标题，让读者一目了然，迅速找到目标案例。

中国法制出版社始终全力支持“中国法院年度案例系列”丛书的出版，给了编者们巨大的鼓励。2024年，丛书将继续提供数据库增值服务。购买本书，扫描前勒口二维码，即可在本年度免费查阅往年同类案例数据库。我们在此谨表谢忱，并希望通过共同努力，逐步完善，做得更好，探索出一条充分挖掘好、宣传好人民法院案例库案例和其他典型案例价值的新路，为广大法律工作者和社会公众提供权威、鲜活、精准的办案参考、研究素材，更好地服务司法审判实践、服务法学教育研究、服务法治中国建设。

“中国法院年度案例系列”丛书既是法官、检察官、律师等法律工作者的办案参考和司法人员培训辅助教材，也是社会大众学法用法的经典案例读本，同时也为教学科研机构开展案例研究提供了良好的系列素材。当然，编者们在编写过程中也难以一步到位实现最初的编写愿望，客观上会存在各种不足甚至错误，欢迎读者批评指正。我们诚心听取各方建议，立足提质增效，不断拓宽司法案例研究领域，创新司法案例研究方法，助推实现中国特色司法案例研究事业的高质量发展。

国家法官学院　最高人民法院司法案例研究院

2024 年 5 月

目　录

Contents

一、网络侵权责任纠纷

二、违反安全保障义务责任纠纷

三、教育机构责任纠纷

四、产品责任纠纷

五、医疗损害责任纠纷

六、环境污染责任纠纷

七、饲养动物损害责任纠纷

八、建筑物和物件损害责任纠纷

九、触电人身损害责任纠纷

十、因申请财产保全损害责任纠纷

十一、其他

一、网络侵权责任纠纷

1

网络服务提供者违反因先前行为产生的作为义务，构成不作为侵权

——投资公司诉科技公司名誉权案

【案件基本信息】

1. 裁判书字号

广东省佛山市中级人民法院（2022）粤 06 民终 14615 号民事判决书

2. 案由：名誉权纠纷

3. 当事人

原告（上诉人）：投资公司

被告（被上诉人）：科技公司

【基本案情】

2021 年 5 月 17 日，房地产代理公司因委托合同纠纷起诉投资公司并申请了诉讼财产保全［（2021）粤 0604 民初 15315 号民事案件及（2021）粤 0604 执保 1886 号财产保全案件］，佛山市禅城区人民法院（以下简称禅城法院）作出保全裁定冻结投资公司 10928800 元银行存款或查封、扣押相应价值财产。前述资料法院网上公开日期为 2021 年 6 月 3 日，被告网站等同步进行了公布并显

示有关纠纷执行的案件已结案（附上保全裁定）。2021年6月25日，禅城法院作出（2021）粤0604执保1886号之一执行裁定书（解封裁定），以房地产代理公司和投资公司双方达成和解为由裁定解除对投资公司银行存款10928800元的冻结。该解封裁定法院送达了有关当事人和协助执行人并已执行，但没有上网发布。被告网站等对该解封裁定的信息至今也没有公布。2021年6月25日，禅城法院还作出（2021）粤0604民初15315号民事裁定书，裁定准许房地产代理公司撤回起诉（撤诉裁定）。该撤诉裁定法院于2022年2月13日上网发布，被告网站等同步进行了公布。

从2021年11月起，投资公司多次向被告客服反映有关案件的保全问题，称该信息对企业经营产生严重不良影响并提出前述案件法院已经作出撤诉裁定和解封裁定，投资公司的相关财产已经被依法解封，要求被告更正或补充有关的信息以全面客观地反映事实。被告收到了投资公司的相关资料也受理了相关投诉并进行内部调查。被告认为由于其信息来源全部来自官方网站，真实性不存在问题，故拒绝作出更正。在涉案撤诉裁定被法院官网于2022年2月13日公布后被告也同步发布了撤诉裁定，但对解封裁定以法院官网没有公布为由拒绝根据投资公司提交的相关裁定书等资料作出更正或者补充。

【案件焦点】

1. 科技公司的行为是否构成侵权；2. 一审法院认定的赔偿数额是否正确。

【法院裁判要旨】①

广东省佛山市禅城区人民法院经审理认为：被告科技公司作为一家互联网科技公司，从事相关数据信息的收集、服务及转发等商业经营性业务，并且作为第三方征信机构备案，其经营行为客观上具有较大的社会影响。

被告科技公司从中国裁判文书网（法院官网）中引用、转发相关生效裁判文书的行为合法，其在上面标注的风险提示等信息也没有违反相关禁止性规定。

---

① 本书【法院裁判要旨】适用的法律法规等条文均为案件裁判当时有效，下文不再对此进行提示。

但是，被告作为相关法律信息公共服务提供者（这种提供即使没有直接收取费用但从经营模式看也可以认定为以营利为目的的商业性质的服务），必须具有专业法律服务者应尽的注意义务。本案中，被告公布投资公司的相关涉诉信息及保全裁定虽无不妥，但是这毕竟是涉及企业信用及社会影响等的相关信息，在投资公司向被告反映有关案情进展并提交撤诉裁定和解封裁定（这是有助于投资公司恢复形象的正面信息）时，被告负有审慎面对和及时更正的义务。被告声称其相关信息来源于法院官网故其更正行为也只能根据法院官网，只能通过人工智能手段抓取。这其实是被告对法律的片面理解和对自身注意义务的单方降低以及对相关人员权利的漠视。

首先，法院官网属于公益性质的非营利性网站，其并没有授权被告进行相关运作，被告只是运用人工智能等手段转载法院官网上的相关涉诉文书信息，被告的地位不仅是网络服务提供者，也是网络信息发布者（转载法院官网等的信息进行发布，可以视为转发信息的网络用户），并且完全是商业模式。其次，司法公开不仅仅限于网络公开，裁判文书上网与裁判文书公开并不能完全画等号。《中华人民共和国民事诉讼法》第一百五十一条规定："人民法院对公开审理或者不公开审理的案件，一律公开宣告判决。"第一百五十九条规定："公众可以查阅发生法律效力的判决书、裁定书，但涉及国家秘密、商业秘密和个人隐私的内容除外。"涉案解封裁定已经由法院作出并已经送达各方当事人且已执行，这说明解封裁定虽然没有上网但已经向社会公开了。最后，被告在知道投资公司反映其涉案财产已被解封、涉案主案已经和解撤诉的情况，并且明知投资公司持有相关解封裁定和撤诉裁定后，不是立即采取负责任的应对措施，而是简单地以法院官网没有公布为由进行推脱，明显降低了其作为公共法律信息的商业发布提供者应尽的注意义务，也就是法律专业信息服务提供者应有的认识水平，也没有达到普通媒体应有的信息更正的认识水平。法院文书上网有一定的过程，是否上网以及何时上网需要根据具体工作安排决定，但这并不影响相关裁判文书的效力和执行。对投资公司等相关商事主体来说，有关网站等有影响力的商业互联网平台及时更正或补充相关的保全裁定内容（撤诉裁定和解封裁定）显然有助于其信用的修复。互联网商业平台公布涉案的立案内容和保全裁定对投资公司客观上受到的信用损害没有责任，但该不及时根据投资公司提供的相关申诉资料（撤诉裁定和解封裁定等）进行初步核查并及时进行更正显然是存在放任别人信用受损扩大的过错。最起码，被告也应当在涉投资公司信息内容中加个备注，提示根据投资公司提供的撤诉裁定和解封裁定内容，前述保全裁定中查封的财产已经解封。

《最高人民法院关于审理利用信息网络侵害人身权益民事纠纷案件适用法律若干问题的规定》第九条规定：“网络用户或者网络服务提供者，根据国家机关依职权制作的文书和公开实施的职权行为等信息来源所发布的信息，有下列情形之一，侵害他人人身权益，被侵权人请求侵权人承担侵权责任的，人民法院应予支持：（一）网络用户或者网络服务提供者发布的信息与前述信息来源内容不符；（二）网络用户或者网络服务提供者以添加侮辱性内容、诽谤性信息、不当标题或者通过增删信息、调整结构、改变顺序等方式致人误解；（三）前述信息来源已被公开更正，但网络用户拒绝更正或者网络服务提供者不予更正；（四）前述信息来源已被公开更正，网络用户或者网络服务提供者仍然发布更正之前的信息。”

综上所述，本院认定被告科技公司在收到相关投诉、反馈后没有及时更正投资公司的相关涉诉信息，也没有采取补充备注说明等应对措施，放任投资公司的相关损失扩大，存在利用信息网络侵害投资公司法人名誉权的行为。

被告科技公司应当对相关侵权行为承担相应的法律后果。考虑到被告侵权的性质属于合法发布信息之后的善后应对不当（如前所述公布涉诉信息并不违法，经当事人反映后拒不更正或添加备注说明才是侵权行为），是放任原告损失扩大而不是主动造成原告损失，故对原告主张的赔礼道歉本院不予支持。本院确定由被告科技公司在相关网站等公布解封裁定或者做关于解封裁定补充备注说明就足以消除不当扩大的影响。另，在本案开庭前，涉案撤诉裁定已经由被告通过人工智能手段抓取法院官网数据予以发布，故对相关撤诉信息可以不用另作说明。

原告投资公司因其相关涉诉信息未能由被告科技公司及时更正或补充说明等客观上是会造成信用方面的扩大损失，被告应赔偿这方面的损失。关于损失赔偿额的确定方面，投资公司提交的有关被诉材料等不能直接反映相关损失是由于被告拒不更正造成的以及具体的损失情况。本院综合考虑以下因素：侵权行为时间较短（从2021年11月起算）；被告网站等影响力较大；投资公司的信用修复受到一定影响，尤其在当前环境下相关房地产类企业对此问题比较敏感；相关诉讼等维权成本较高；等等。本院酌定被告赔偿原告的损失人民币100000元（包括维权成本在内）。

此外，被告提交的相关类案的裁判文书中，显示的事实尤其是更正保全信息方面等与本案的事实并不相似，故对本案的审理裁判参考意义不大。

广东省佛山市禅城区人民法院依照《中华人民共和国民法典》第一百七十九条、第一千零二十四条、第一千零二十九条、第一千一百八十二条和《最高人民法院关于审理利用信息网络侵害人身权益民事纠纷案件适用法律若干问题的规定》第九条之规定，判决如下：

一、被告科技公司于本判决生效之日起十日内在案涉应用程序、网站及相关微信小程序的有关原告投资公司信息中公布（2021）粤0604执保1886号之一执行裁定书，或者在有关原告投资公司信息中添加备注说明，备注说明的内容为“根据投资公司提交的（2021）粤0604执保1886号之一执行裁定书，原根据（2021）粤0604执保1886号执行裁定书所查封的财产已经依法解封”；

二、被告科技公司于本判决生效之日起十日内向原告投资公司支付赔偿款100000元；

三、驳回原告投资公司的其他诉讼请求。

投资公司不服一审判决，提出上诉。广东省佛山市中级人民法院经审理认为：科技公司作为网络服务提供者和网络信息发布者，明知其公布的信息涉及企业信用及社会影响等，负有审慎面对和及时更正的义务，有义务保证其发布内容的准确性和一致性。但是，科技公司在投资公司反映其涉案财产已被解封，并已提供解封裁定书的情况下，未立即采取负责任的应对措施，而是简单地以法院官网没有公布为由进行推脱，明显降低了其作为信息的商业发布提供者应尽的注意义务，漠视相关主体的正当权益。一审法院据此认定科技公司在收到相关投诉、反馈后没有及时更正投资公司的相关涉诉信息，也没有采取补充备注说明等应对措施，放任投资公司的相关损失扩大，存在利用信息网络侵害投资公司法人名誉权的行为，并无不妥。科技公司未能及时更正信息，对于在当前环境下相关房地产类企业而言，客观上必然造成投资公司信誉的负面评价，科技公司应赔偿这方面的损失。一审法院综合考虑侵权行为时间较短、科技公司网站等影响力较大、投资公司的信用修复受到一定影响和相关诉讼等维权成本较高等，酌定科技公司赔偿投资公司的损失人民币 100000 元正确。

广东省佛山市中级人民法院依照《中华人民共和国民事诉讼法》第一百七十条第一款第一项之规定，判决如下：

驳回上诉，维持原判。

【法官后语】①

本案中，科技公司的责任属于不作为侵权责任，其责任的基础是先前公布系列涉诉信息的行为。因该行为客观上会持续造成投资公司的信用受损，科技公司理应审慎注意，有效跟进，尤其当上述涉诉信息发生变化时，更应及时更正或补充说明。但是，科技公司并没有采取相应措施，所以，其应当承担不作为的侵权责任。

一、作为义务的来源：先前行为

民法典意义上的作为义务源自法律规定、特定职务和先前行为。具体到先前行为产生的作为义务，主要是指行为人的前一个行为使另一人的人身、财产权益陷入“危险”或面临损害的境地，此时行为人负有诚实信用、审慎注意、及时弥补的义务。此时的先前行为一般属于事实行为，行为本身不一定具有可责难性。本案中，科技公司运用人工智能等手段转载法院官网上的相关涉诉文

---

① 本书【法官后语】对此类法律问题涉及的法律法规等内容进行了时效性更新，下文不再对此进行提示。

书信息，即使该信息对相对人的声誉可能产生不利影响，也并不违法。但因实施该行为，其仍负有一定义务，如在相关信息发生变化，对相对人可能产生不同影响时，科技公司应持续跟踪，及时更正有关信息。

二、作为义务的内容：采取合理措施防止损害发生或扩大

《最高人民法院关于审理利用信息网络侵害人身权益民事纠纷案件适用法律若干问题的规定》第九条规定，网络服务提供者根据国家机关依职权制作的文书和公开实施的职权行为等信息来源所发布的信息已被公开更正，但网络服务提供者不予更正或仍然发布更正之前的信息，侵害他人人身权益，应承担侵权责任。尽管本案中，科技公司先前发布的涉诉信息并无不当，且相关文书后续亦未被法院撤销或更正，但针对已发布的涉诉信息（投资公司财产被查封），后因双方达成和解，法院准许当事人撤诉，已作出解除查封的裁定，既是先前涉诉信息的延续，客观上也有助于当事人信誉的修复。科技公司理应全面、准确、及时对后续信息予以补充说明，或至少如判决认定所言“被告也应当在涉投资公司信息内容中加个备注，提示根据投资公司提供的撤诉裁定和解封裁定内容，前述保全裁定中查封的财产已经解封”。尤其是在投资公司已告知有关案情进展并提供法院相关生效裁判的情况下，科技公司仍不为所动，显然是一种不作为。

三、作为义务的违反：承担不作为的侵权责任

按照传统民法理论，不作为的侵权构成要件和一般的侵权构成要件相同，即要具备侵权行为、损害后果、侵权行为和损害后果之间具有因果关系、侵权人具有过错。本案系名誉权纠纷。名誉是对民事主体的品德、声望、才能、信用等的社会评价。在信息交流日益发达，社会评价体系逐渐完备的今天，涉诉信息对公司信用有着一定影响。本案中，投资公司相关财产被法院查封的信息，足以导致公众对其信用产生疑虑，是一种负面的影响。如前所述，在投资公司已告知有关案情进展并提供法院相关生效裁判的情况下，科技公司作为网站的管理者，具备“作为的能力”，却放任这种负面影响持续扩大，具有“主观过错”，且二者之间产生“因果关系”，已构成不作为的侵权。

需要注意的是，在网络服务提供者不作为侵权责任中，作为义务的存在和

违反对于不作为侵权责任的确立具有决定性的作用，“违法性”不是不作为侵权责任的构成要件，如本案判决所述“科技公司从中国裁判文书网中引用、转发相关生效裁判文书的行为合法”，但该合法行为不足以免除其作为义务。

编写人：广东省佛山市禅城区人民法院　郭云雄　李洋

2

网络中介平台不当收集使用个人信息的司法认定

——陈某诉科技公司侵权责任案

【案件基本信息】

1. 裁判书字号

重庆市第一中级人民法院（2021）渝01民终7883号民事判决书

2. 案由：侵权责任纠纷

3. 当事人

原告（被上诉人）：陈某

被告（上诉人）：科技公司

【基本案情】

2020年2月16日，陈某在涉案互联网应用程序（Application，App）中的钱包中“借钱”页面点击同意《个人信息保护政策》后贷款12000元。该《个人信息保护政策》为格式条款，主要约定：1. 科技公司可以搜集陈某的个人身份信息、个人生物识别信息等。2. 为维护债权人的合法权益，陈某需提供通讯录、联系人及其手机号码。当陈某因违约而损害债权人、科技公司及/或合作方的合法权益时，陈某同意债权人和科技公司及/或合作方可向合作的律师事务所、催收机构，以及可向陈某传达信息的陈某的联系人等与陈某沟通……如陈某向科技公司提供的联系人信息的行为未经过其本人同意，债权人和科技公司及/或合作方、律师事务所、催收机构与陈某的联系人进行联系所发生的风险及责任将由陈某承担……3. 个人信息可能会与科技公司的合作公司及关联方共享。

后陈某逾期未还款，2020 年 4 月 17 日，开始有不明身份的人通过不同的手机向陈某的手机通讯录中的人员群发短信，内容为："法院传票：广东省湛江市××区××路×号×座×房。接收人：【陈某】及家人，请拿好本人身份证及传票原件准时应诉。缺席仍可宣判。"2020 年 4 月 29 日，陈某偿还了一期借款。2020 年 7 月，又有不明身份的人通过不同的手机向陈某及陈某的手机通讯录中的人员群发短信，内容为："告诉陈某，涉案 App 上的事，以免造成麻烦，本人速联系"。之后，陈某与该人短信联系，表达了还款意愿，并要求有事直接与其联系，不要将陈某借款事宜透露给其他人。但此后，陈某仍未还款。之后，又有不明身份的人给陈某发送手机短信："陈某！身份证号××××，你欠涉案 App 的钱不还了是吧，不处理了是吧，那我们就派人上门替你筹款。"陈某仍未还款后，在陈某住处的楼道及房门上张贴了几张用陈某本人头像嫁接的色情照片，下面标注："我是欠款人陈某，就住在××××，因欠了涉案 App "借钱"的钱逾期不还，为了还债出卖肉体……"该信息中还记载了陈某的身份证号码，下方留了陈某的手机号码。2020 年 8 月，陈某通过涉案 App "借钱"的对外客服邮箱联系科技公司，要求其停止对其朋友的骚扰，并停止对其人格的侮辱等行为。

【案件焦点】

1. 网络中介平台收集使用个人信息"合理必要"如何认定；2. 中介平台不当使用个人信息可能导致或产生权利受损的后果时，未及时采取必要措施防止损害扩大，如何确定其责任。

【法院裁判要旨】

重庆市渝北区人民法院经审理认为：原告从被告的涉案 App "借钱"借钱，根据该平台的隐私协议约定，被告负有妥善保管上述信息的义务，不得泄露或不当使用。现原告在被告借款时由被告获取的原告上述个人信息被泄露后，导致不明身份的人向原告及其朋友催债，导致个人隐私被泄露，并产生社会评价降低、名誉受损的后果。

重庆市渝北区人民法院依照《中华人民共和国民法典》第一百一十条第二款，第一百二十条，第一百七十九条第一款第十项、第十一项，第一千零二十四条和《中华人民共和国民事诉讼法》第六十四条之规定，判决如下：

一、科技公司立即停止泄露陈某个人信息的行为；

二、科技公司在省级媒体上连续七日刊登书面道歉信向陈某道歉（道歉信内容须经一审法院审核），以消除给陈某造成的不良影响并恢复名誉；

三、科技公司赔偿陈某精神损害抚慰金 10000 元。

科技公司不服一审判决，提起上诉。重庆市第一中级人民法院经审理认为：互联网平台经营者对在为借贷双方订立合同提供中介服务中获取的个人信息，应当负有防止个人信息被不当使用的保护义务，以及造成泄露损害用户合法权益后的补救义务。如其不能证明自身没有过错，应当承担损害赔偿等侵权责任。具体而言：

首先，科技公司经借款人授权，在向第三方提供个人信息使用过程中，有义务对第三方主体资质及其使用个人信息行为的合规、合法性进行审查，从借款人提供的催债信息内容及催债方式来看，催债行为具有骚扰、胁迫陈某及其手机通讯录联系人，利用陈某头像编造事实损害借款人名誉等违法事实，催债机构存在是否具有相应经营资质等合法性问题，科技公司未证明其已对第三方主体经营资质，以及使用个人信息行为是否合法进行审查，且不能证明自身无过错，应当承担侵权责任。

其次，科技公司在与借款人签订的《个人信息隐私政策》中未向借款人告知授权使用个人信息的第三方信息、使用方式、范围及程度，因第三方不当使用，损害借款人合法权益的，科技公司不能基于已经借款人概括性授权第三方使用而免除侵权责任。

最后，《个人信息隐私政策》中关于科技公司的免责约定属于格式条款，科技公司未尽到提示说明义务，不予免责。从本案来看，《个人信息隐私政策》内容以固定网页为载体预先拟定且重复使用，订立合同时未与相对方协商，故关于科技公司对催收造成损害不承担责任的约定，属于格式条款。本案中，科技公司举示的证据不足以证明其尽到了有效的提示、说明义务，故其不能免除不当向第三方提供个人信息造成损害的责任。

重庆市第一中级人民法院依照《中华人民共和国民事诉讼法》第一百七十七条第一款第一项之规定，判决如下：

驳回上诉，维持原判。

【法官后语】

在数字经济语境下，个人信息不仅体现了民事主体自身享有的数据权利，同时也被赋予了经济价值，因此个人信息权益保护已突破了私权的边界，这也包含了不可回避的内在冲突：一方面，为促成借贷业务，中介平台借助其优势地位必然要收集、使用大量个人信息；另一方面，收集、使用个人信息也为权利保护带来潜在风险。

一、网络中介平台信息收集、使用的义务厘定

《中华人民共和国民法典》《中华人民共和国个人信息保护法》等法律法规构建了个人信息保护的规则体系，明确了个人信息处理的“合法、正当、必要”三原则。实践中，应结合中介平台收集使用个人信息不同阶段特点，对具体义务予以细化。

（一）信息收集阶段的义务

网络中介平台在这一阶段应承担的义务包括：第一，收集内容以最小必要为限，根据国家互联网信息办公室、国家市场监督管理总局等四部门联合发布的《常见类型移动互联网应用程序必要个人信息范围规定》，明确了不同类型互联网应用程序App收集个人信息的范围，其中将网络借贷的基本功能服务界定为“通过互联网平台实现的用于消费、日常生产经营周转等的个人申贷服务”。应收集的必要个人信息包括：（1）注册用户移动电话号码；（2）借款人姓名、证件类型和号码、证件有效期限、银行卡号码。第二，征得个人同意义

务。该义务要求中介平台在收集用户个人信息时，应以清晰易懂的语言和简洁明了的方式，告知用户个人信息的处理主体、目的、适用范围、期限等内容，尤其是在使用格式条款形式发布政策或隐私声明的情况下，如涉及内容繁杂、专业性术语较多，中介平台更应合理履行提示说明义务，使信息主体在充分了解的基础上作出对信息使用的判断。

（二）信息使用阶段的义务

互联网借贷中介平台根据双方约定和服务场景需要，在使用个人信息过程中履行的义务包括：第一，合理使用。中介平台使用个人信息应严格按照法律规定，遵循其与信息权利人之间关于授权信息使用要求，确保信息的使用方式、范围与业务目的直接相关。可借助比例原则判断信息使用是否具有合法性、必要性且与信息收集目的相关联，防止超越业务需要不当扩大信息使用范围。第二，安全保障。互联网借贷中介平台基于其业务需要收集大量个人信息，使中介平台成为存储大量个人信息的载体。虽然平台在收集信息时征得了个人的使用授权，但信息所有权并未发生转移，仍归信息权利人所有，因此，平台并不因取得授权而当然享有信息处分权，而是作为信息存储、保管方。为防止业务活动中个人信息出现泄露、丢失、窃取或毁损等情况，中介平台应通过制定内部安全管理制度和操作流程、采取维护网络安全技术措施等方式，采取合法有效、与风险相适应的安全保障措施。

（三）授权第三方使用的衍生义务

互联网借贷中介平台基于业务需要，可能将已收集的个人信息授权第三方使用，由于涉及个人信息的二次流通，在前述义务基础上，中介平台还应承担由此衍生的新义务。包括：一是第三方合规审查义务。互联网借贷中介平台应当对第三方进行形式上的合规审查，如出借人是否为符合金融监管要求的主体，催收机构是否为具备资质的合法主体，以保证个人信息不被非法主体滥用。二是单独征得同意的义务。根据《中华人民共和国个人信息保护法》第二十三条规定，个人信息处理者向他人提供其处理的个人信息时，应向个人告知第三方的相关信息和信息处理目的，并取得个人的同意。从维护信息主体权益的角度，还应明确清晰地告知借款人第三方的信息，包括出借人、催收机构等的名称或者姓名、联系方式、处理目的、处理方式和个人信息的种类。三是及时止损义务。在个人信息授权第三方使用的情况下，如个人信息已经发生或可能存在泄露、不当使用等风险，互联网借贷中介平台应及时查明原因，采取必要止损措施防止损害进一步扩大，排除风险隐患，而不能对现实或潜在风险视而不见。这一义务可视为保护信息安全的附随义务，也是基于维护个人信息安全赋予中介平台的社会责任。

二、互联网中介平台违反个人信息收集使用义务的责任认定

由于互联网借贷中介平台经营模式的特殊性，与传统侵权相比，其内涵外延都有较大拓展，因此需要结合其特殊性进行分析。

（一）侵权行为包括积极作为和消极不作为

积极作为表现为互联网借贷中介平台主动实施侵犯个人信息的行为。消极不作为侵权以行为人负有作为义务为前提，如互联网借贷中介平台在信息收集、使用和授权第三方使用等不同阶段，分别负有告知同意、安全保障、及时止损、第三方合格审查等作为义务。如中介平台违反上述义务要求，未能以积极的作为方式保护信息主体的个人信息，或在出现侵权情形时未及时采取措施防止损失扩大，则可能因此承担侵权责任。

（二）主观方面过错原则和过错推定并用

一般侵权行为通常以过错作为主观规则原则，要求侵权行为人对侵权行为发生具有主观上的故意。但在互联网借贷中介平台的商业模式中，网贷中介平台在信息收集使用中处于优势地位，与一般侵权有所不同，中介平台主体应承担更多的义务，因此归责原则也应根据其义务作适度扩充。《中华人民共和国个人信息保护法》第六十九条第一款规定，处理个人信息侵害个人信息权益造成损害，个人信息处理者不能证明自己没有过错的，应当承担损害赔偿等侵权责任。由此明确了在确认互联网借贷中介平台主观过错时，可适用过错推定原则。即在侵犯个人信息权益的行为发生后，如果互联网借贷中介平台不能证明自己没有过错，则推定其有主观过错，由此缓和中介平台与信息主体不对等地位。

（三）损害后果包含实际损害与现实威胁

在一般侵犯个人信息行为中，损害后果表现为对权利的侵犯、造成实际损失。从互联网借贷的特殊性来看，信息主体的借贷活动很大程度上依赖于中介平台提供的服务，为实现保护信息主体合法权益的目的，法律赋予了互联网借贷中介平台更多的义务，同时中介平台也有保护信息安全的专业能力与技术优势。因此，对于损害的理解并不限于造成的实际损害，还包括个人信息受到现实威胁、损害后果尚未发生时，互联网借贷中介平台未采取必要措施减少损害的情况。

（四）因果关系判断可适度转移证明责任

侵权行为中的因果关系是指合法权益受到损害与侵权人的侵权行为之间存在因果上的联系。在互联网借贷中介平台商业模式下，通常涉及互联网借贷中介平台、第三方主体，借款人因个人信息被泄露或不当扩散而遭受损害时，因果关系的证明往往存在一定难度。个人信息权利人很难明确侵权行为是平台中介平台还是第三方实施，为此可将因果关系的证明责任转由中介平台承担，如其不能证明造成损害后果的原因，则推定损害后果系因中介平台处理不当导致。

编写人：重庆市第一中级人民法院　黄晨　刘静

3

商品和服务提供者的名誉权与消费者监督权权利边界的厘定与衡平

——教育咨询公司诉方某等网络侵权责任案

【案件基本信息】

1. 裁判书字号

广西壮族自治区来宾市中级人民法院（2022）桂13民终442号民事判决书

2. 案由：网络侵权责任纠纷

3. 当事人

原告（被上诉人）：教育咨询公司

被告（上诉人）：方某、马某

被告：科技公司

【基本案情】

教育咨询公司在淘宝网经营名为“××考研网”的店铺。2020 年 2 月 28 日，方某在“××考研网”店铺购买了考研复试班的课程，教育咨询公司给方某提供了相应的售后服务。

2020 年 4 月 7 日，方某在 Z 网站用“匿名用户”账号发表“为什么要匿名？因为教育咨询公司虎视眈眈在微信上拉架，谁敢实名谁必定被网暴！怎么样？我觉得对非专业的跨考来说，不可否认是个方便的好选择，是一个有利的补充，但不代表他不存在问题，包括价格确实贵，有些课程质量一般，特别是服务态度相当恶劣，这是真实存在的，那么与其声讨差评，不如思考这些问题到底存不存在??? 消费者有没有说的权利???”在公证书上显示，该条发帖有 16 个赞同和 3 条评论。

2020 年 9 月 30 日，潘某在 Z 网站用“马某”账户上发表“……在教育咨询公司这里只能买一堆垃圾……教育咨询公司的资料……是真的烂……就这玩意卖我 300 元钱，白给都不要……”在公证书上显示，对该条发帖有 4 个赞同和 20 条评论。方某对其 2020 年 4 月 7 日以“匿名用户”发言的行为予以认可。

科技公司系 Z 网站的经营者，属于网络服务提供者。

【案件焦点】

1. 方某在 Z 网站上发表的言论是否侵害了教育咨询公司名誉权；2. 马某是否侵害了教育咨询公司名誉权。

【法院裁判要旨】

广西壮族自治区来宾市兴宾区人民法院经审理认为：方某、马某的言论“虎视眈眈在微信上拉架、被网暴！烂、白给都不要，恶心等”用词已侮辱或者诽谤原告，侵害了原告的名誉权，构成名誉权侵权。原告诉请的经济损失以及合理开支，本院酌情方某、马某分别赔偿原告经济损失 2500 元、制止侵权行为的合理开支承担 772.5 元。

广西壮族自治区来宾市兴宾区人民法院依照《中华人民共和国民法典》第一百七十七条、第一千零二十四条、第一千零二十八条、第一千一百六十八条，《最高人民法院关于适用〈中华人民共和国民法典〉时间效力的若干规定》第一条，《中华人民共和国民事诉讼法》第六十四条、第一百四十四条之规定，判决如下：

一、被告方某、马某在被告科技公司 Z 网站显著位置持续登载致歉声明二十四小时，并向原告赔礼道歉、消除影响、恢复名誉；

二、被告方某、马某分别向原告教育咨询公司赔偿经济损失 2500 元、为制止侵权行为所支付的合理开支 772.5 元；

三、驳回原告教育咨询公司的其他诉讼请求。

方某、马某不服一审判决，提起上诉。广西壮族自治区来宾市中级人民法院经审理认为：关于方某在 Z 网站上发表的言论是否侵害教育咨询公司名誉权的问题。方某在教育咨询公司经营的“××考研网”线上店铺购买了考研课程，双方之间存在合同关系。方某作为消费者对教育咨询公司为其提供的服务产生了一定程度的不满，进而对教育咨询公司的服务进行了负面评价，个别措辞虽有不文明、不严谨之处，但该内容并不存在诋毁教育咨询公司的主观故意，亦未超过消费者表达意见的必要限度。同时，Z 网站用户对方某发言赞同的为 16 人，评价为 3 条，方某发言所引起的关注度很低，并没有引起网络用户的高度关注，不足以产生使教育咨询公司社会评价降低的损害后果。可见，方某在 Z 网站上的发言没有侵害教育咨询公司的名誉权，没有造成教育咨询公司的经济损失。关于马某是否侵害教育咨询公司名誉权的问题。马某在 Z 网站上注册的“马某”账户中 2020 年 9 月 30 日的发言非马某所为，故此，马某不存在侵害教育咨询公司名誉权的行为。

广西壮族自治区来宾市中级人民法院依照《最高人民法院关于适用〈中华人民共和国民事诉讼法〉的解释》第九十四条，《中华人民共和国民法典》第一千零二十四条，《中华人民共和国消费者权益保护法》第十五条、第十七条，《中华人民共和国民事诉讼法》第一百三十七条、第一百四十七条、第一百五十二条、第一百七十七条第一款第三项之规定，并经本院审判委员会讨论决定，判决如下：

一、撤销广西壮族自治区来宾市兴宾区人民法院（2020）桂 1302 民初 6377 号民事判决；

二、驳回被上诉人教育咨询公司的诉讼请求。

【法官后语】

本案的难点是：如何厘定消费者对商品和服务提供者行使监督权的边界；消费者监督权与商品和服务提供者名誉权保护二者发生冲突时如何衡平。

一、对消费者监督权与侵害名誉权的边界参照标准

权利冲突的实质是利益冲突。对商品和服务提供者名誉权保护与消费者监督权边界的认定应把握好一个度，即应遵循消费者监督权的行使是为了消费者自身及全体消费者的正当权益。对消费者监督权与侵害名誉权的边界认定可以参照如下标准：一是从客观事实的角度。一般应综合考虑网络用户是否对商品和服务进行消费、评论内容是否针对商品或者服务、评论内容是否相对真实和符合常理等。二是从消费者主观态度的角度。消费者在点评时带有一定主观目的，如果消费者存在故意或重大过失，行为中有侮辱、诽谤被监督人的内容或侵害被监督人的隐私，客观上造成了被监督人精神痛苦、社会评价降低，应认定是侵害名誉权的行为。三是从行为方式的角度。舆论监督的言辞、消费者自助行为不能从人格上对商品或者服务提供者进行攻击、侮辱、诽谤，侵犯隐私权，即使揭露、批评、反映中所依据的情况属实，但是用有恶意的词句造成被监督人名誉权受到损害的，也要承担民事责任。四是从损害后果的角度。由于消费者监督权的行使不当，使被监督人心理上遭受创伤、精神上受到折磨、社

会评价降低、物质利益遭到损失等，应认定是对被监督人名誉权的侵害。如监督权的行使是正当的，没有造成损害后果或没有证据、证据不足以证明损害后果是由消费者监督权的行使造成的，就不能认定是侵害名誉权。

二、商品和服务提供者对消费者监督权保留相对容忍义务

消费者在网络上发表差评是其行使言论自由的表现，差评可以弥补和矫正市场信息，起到优化市场机制、促进优胜劣汰的作用。用户通过点评监督商品服务、维护自身权益，商户可以从点评中了解用户需求，改进商品服务。就公众心态而言，行为人实施此种行为并不像侮辱、诽谤自然人那样，必然引起公愤。相反，公众多持宽容理解态度，这也是保护企业法人等经营主体名誉权与自然人名誉权在公众情感上存在的巨大差异，人民法院审理此类案件时，应当顾及公众心态，在评判行为人实施的行为时应当考量公众的价值取向。

从本案来看，方某向教育咨询公司购买了考研课程，其对购买的产品不满意，遂进行了负面评价。这是他基于对该产品的自身体验，虽然用语时情绪偏激，但情节比较轻微，不存在诋毁教育咨询公司的主观故意，也没有超过消费者对商品行使评价权和监督权的合理范畴。方某发言所引发的网络关注度低，Z网站用户对方某发言赞同的为16人，评价为3条，没有对教育咨询公司造成实质性损害。潘某冒用马某的账户在Z网站进行评价，非马某所为，马某不存在侵害教育咨询公司名誉权的行为。虽然有些差评因对商品或服务不满，会在评论中带有个人情绪，使用过激的言论和片面的观点等，但这些点评也是在其消费的商品或服务基础上发表的，因个体的差异，表达方式不尽相同，此类评论均属于普通的差评，只有恶意的差评才有可能侵犯被评方的名誉权。如果评论内容确实可以从商品和服务中找到线索，那么“从社会危害性角度考虑，相对于或许普遍存在的经营不规范现象，作为普通维权者的言论即使过于激烈，也应该值得被容忍”。商品和服务提供者容忍义务也是有限度的，应对恶意差评说“不”。有些人就利用商户担心差评的心理，在平台上恶意差评，然后向商家敲诈勒索，有偿删帖。或者因同业竞争，有些商户会雇用水军恶意差评同行。需要注意的是，“网络非法外之地”，网络用户在虚拟环境中要遵守行为边

界，作出公允诚实评价，切不可因为网络交流的匿名性、远距离性等特点，带着个人情绪随意发表不文明、不严谨的言辞。

三、监督权与名誉权保护应保持一种制约性的衡平

消费者监督权与商品和服务提供者名誉权保护的冲突与衡平，表明了这样一种价值取向：法律应当充分肯定消费者对商品或者服务提供者在合法界限内行使监督的权利，将维护消费者的正当监督权利作为首要原则；同时，又不能容忍消费者滥用监督权侵害商品或者服务提供者的名誉权。因此，就消费者的监督权与商品和服务提供者名誉权的关系而言，消费者监督权是对商品和服务提供者名誉权保护的限制，在一定程度上缩小了名誉保护扩展的界限，保证了消费者监督权利的正当行使；同时对商品和服务提供者名誉权的保护，能有效预防消费者滥用监督权而导致侵害商品和服务提供者名誉权行为的发生。监督权与名誉权保护边界的正当厘定，有助于使二者保持一种制约性的衡平，在一定程度上形成和谐的功能互补。

编写人：广西壮族自治区来宾市中级人民法院　田宁芳　成靖

4

利用已公开个人信息生成职业能力画像并辅助用户做出选择，构成自动化决策

——麦某诉科技公司、信息技术公司网络侵权责任案

【案件基本信息】

1. 裁判书字号

广州互联网法院（2022）粤 0192 民初 20966 号民事判决书

2. 案由：网络侵权责任纠纷

3. 当事人

原告：麦某

被告：科技公司、信息技术公司

【基本案情】

2022年8月30日，麦某在法××（科技公司字号）网页输入“麦某”进行搜索，页面上为麦某设定“收费标准”“法××编号”、显示麦某执业律所、执业证号、代理案件类型、执业年限、执业证照片、胜诉率、代理案件数、咨询时间、办案所在地、合作方式、最近判例时间等信息。下方还标注“请勿私下与律师达成合作”等字样，引导当事人与“选律师专属顾问解某某、张某”联系，下拉页面呈现有“选律师专属顾问 解某某法××平台顾问，更好帮您找到合适的律师；非常热心，专业性强，内容实用；帮助客户与律师达成合作3次”及“张某法××平台顾问……”，底部有“解某某 法××”及电话图标，点击电话图标则显示“呼叫138××××××××”的内容。

两被告回应称，“法××”平台仍处于内测阶段，中介推荐业务尚未实际开展，帮助客户与律师达成合作的次数系工程师为展示平台功能使用的“假数据”，认证律师标注系错误标注。关于“法××”平台页面上为麦某设定“收费标准”、显示麦某“执业年限”“胜诉率”“执业证照片”等信息的来源问题，两被告称平台页面上显示的“收费标准”系各地律协所标注律师收费指导价的最低价。麦某“执业年限”系通过律师执业证号编码规律换算的执业年份，若执业信息不准确，无法匹配相应的执业证号，则无法准确显示执业年限，可能在平台显示0执业年限。“胜诉率”系平台从中国裁判文书网等开放访问的国家公示网站以及大数据平台中获取的公开律师信息。平台通过算法规则统计既往判决中诉讼请求被支持情况对胜诉率进行计算。而平台上的执业证照片只有认证律师的执业证照片可以点击查看，非认证律师则不可查看。

另查明：（1）2022年9月1日，科技公司在信息技术公司实名认证微信公众号“法××”发布情况说明，就科技公司自行研发的“法××法律大数据”小程序的公众号文章在社交网络流传并引发议论作相关说明。（2）2022年8月31

日，某市律师协会发布《严正声明》，表示其从未授权“法××法律大数据”微信小程序及“信息技术公司”发布广州律师的联系方式等信息，将向有关部门反映上述情况，坚决维护行业整体利益和会员合法权益。再查明，科技公司由信息技术公司独资设立。

【案件焦点】

1. 科技公司收集和使用麦某案涉信息是否侵权；2. 如构成侵权，科技公司应如何承担法律责任；3. 信息技术公司应否对科技公司侵权损害赔偿责任承担连带责任。

【法院裁判要旨】

广州互联网法院经审理认为：本案系网络侵权责任纠纷。本案主要事实为科技公司收集和使用麦某本人的相关信息，用于其律师业务评价、中介推荐服务等，法律适用应主要以《中华人民共和国个人信息保护法》相关规定为宜，辅之《中华人民共和国民法典》。案涉相关信息为科技公司通过中国裁判文书网等公共渠道爬取、分析、统计的个人信息，属于已公开的个人信息。科技公司为实现自身的商业日的，采取了更具有侵害性的处理方式，该处理活动对个人权益已造成重大影响，须经麦某同意但未取得同意，故其针对已公开个人信息的处理行为不属于法定的合理范围，构成对麦某个人信息权益的侵害。科技公司对麦某用户画像并公开相关结果，帮助平台使用者决策的行为，构成自动化决策，但科技公司未保证自动化决策的透明和处理结果的公平公正，构成了对麦某个人信息权益的侵害行为。

综上，科技公司依法应承担赔礼道歉、赔偿经济损失等责任，由于案涉行为不足以造成麦某严重精神损害，故对麦某精神损害赔偿诉请，本院不予支持。科技公司由信息技术公司独资设立，现信息技术公司作为股东未举证证明其公司财产独立于科技公司的财产，故应当对科技公司的相关债务承担连带责任。

广州互联网法院依照《中华人民共和国个人信息保护法》第四条、第十三条、第十七条、第二十四条、第六十九条，《中华人民共和国民法典》第一百七十九条、第一千条、第一千一百六十八条、第一千一百八十二条、第一千一百八十三条、第一千一百九十四条，《中华人民共和国公司法》第六十三条，《最高人民法院关于审理利用信息网络侵害人身权益民事纠纷案件适用法律若干问题的规定》第十二条第一款，《中华人民共和国民事诉讼法》第六十七条之规定，判决如下：

一、被告科技公司于本判决发生法律效力之日起十日内，使用微信公众号“法××”发布对麦某的道歉声明，道歉内容不少于100字，内容需事先经本院审查，保留时间不少于10天；被告科技公司拒不履行的，本院将采取在报刊、网络等媒体上发布公告或者公布生效裁判文书等方式执行，产生的费用由被告科技公司负担；

二、被告科技公司于本判决发生法律效力之日起十五日内赔偿原告麦某经济损失3000元（含合理开支）；

三、被告信息技术公司对上述第二项判项确定的债务承担连带责任；

四、驳回原告麦某的其他诉讼请求。

判决后，双方当事人均未上诉，本判决现已生效。

【法官后语】

本案虽然案情较为简洁明晰，但当中蕴含了三个重要的实务问题，即《中华人民共和国民法典》（以下简称《民法典》）与《中华人民共和国个人信息保护法》（以下简称《个人信息保护法》）的适用逻辑、处理已公开个人信息的“合理范围”认定以及自动化决策认定问题。本案在裁判过程中，对这三个问题给出了具体的分析框架和判定标准，有助于厘清目前涉个人信息案件裁判的重大疑难问题，并为类案审理提供务实的论证细节与裁判步骤。

一、《民法典》与《个人信息保护法》的适用逻辑

本案第一个疑难问题是：《民法典》与《个人信息保护法》在具体个案中的适用逻辑。我国《民法典》在人格权编专门规定了个人信息保护，其后又颁布《个人信息保护法》，就两部法律之间的关系以及如何理解与适用而言，引

发一定争论。[1]《个人信息保护法》具有较为典型的“领域法”特色，与《民法典》紧密呼应，两部法律中规定的相关主体权利、义务与法律责任，是结构性地理解两部法律如何适用的关键点。

《个人信息保护法》是一部保护个人信息的综合性立法，其所包含的个人信息的私法规则与《民法典》构成特别法与一般法的关系，《民法典》确立了个人信息的性质及其在民事权利体系中的位置，是解释和适用《个人信息保护法》相关规则的基础和依据。《个人信息保护法》的适用需要在《民法典》的框架体系中展开，其适用应当贯彻《民法典》确认的人格尊严价值，并结合《民法典》确认的人格权保护一般规则。《个人信息保护法》还需要注重与《民法典》相关条款的体系协调，从而实现对个人信息的体系化保护。

本案主要事实为：科技公司收集和使用麦某本人的相关信息，用于其律师业务评价、中介推荐服务等。该信息既是麦某姓名权、肖像权、名誉权等一般人格权客体，又是其个人信息权益客体。就此事实的法律评价而言，《民法典》第一百一十条规定：“自然人享有生命权、身体权、健康权、姓名权、肖像权、名誉权、荣誉权、隐私权、婚姻自主权等权利。”而《民法典》第一百一十一条规定：“自然人的个人信息受法律保护。任何组织或者个人需要获取他人个人信息的，应当依法取得并确保信息安全，不得非法收集、使用、加工、传输他人个人信息，不得非法买卖、提供或者公开他人个人信息。”对于个人信息争议，除《民法典》外，现行立法中还有《个人信息保护法》可供适用。因此，本案讼争不仅存在一般人格权与个人信息权益的请求权基础竞合问题，还存在如何适用法律条文为宜的问题。

第一，从法律体系看，《民法典》人格权编采用专章的方式对个人信息与一般人格权一并予以保护，并对个人信息的类型、收集、更改或删除作了初步规定，但其对个人信息的回应具有零散性的特点，选择性地回应了超前发展的网络社会实践，而且对个人信息的规定带有阶段性、宣誓性的特点，具体操作

① 姚佳：《〈民法典〉与〈个人信息保护法〉的适用逻辑》，载《中国社会科学报》2022年7月6日。

由《个人信息保护法》加以完善。本案科技公司行为均可适用《个人信息保护法》和《民法典》的有关规定，但前者有关个人信息私法保护的相关规定是后者的组成部分，更为系统、全面地规定了个人信息保护的规则，可以有效协调个人信息的保护权利和信息合理利用之间的关系。

第二，从行为目的看，科技公司通过收集麦某公开个人信息的主要目的是用于构建与完善“法××”数据平台，并向访问者提供律师执业详情信息的查询、统计与中介服务，系基于连续的个人信息处理行为而形成的业务模式。《个人信息保护法》所确定的有关个人信息处理的相关规则，实际上是《民法典》有关个人信息处理基本规则的具体化。如上所述，本案的核心争议在于应对科技公司聚合分析已公开个人信息数据的业务模式，及其该业务模式是否对麦某人格权（益）产生侵权损害结果，《个人信息保护法》更有利于对本案事实作出法律评价。

第三，从法律功能看，相较于《民法典》，《个人信息保护法》第一条规定：“为了保护个人信息权益，规范个人信息处理活动，促进个人信息合理利用，根据宪法，制定本法。”该条规定确立了保护个人信息权益、规范个人信息处理活动与促进个人信息合理利用的三重立法目的。本案中，科技公司采取的数据聚合分析业态，在日常生活中较为常见，如就医医师评价、高校导师评价等。这些业态的商业逻辑本身，代表着个人信息兼具个体属性与社会流通属性。因此，本案若采用权利规范的审查方法，对相关业态采取对世权、绝对权的维权形式加以评判，可能会忽视个人信息背后的多重权益，不利于在具体场景中确立个人信息收集与利用行为的合理边界。相反，根据科技公司的行为目的，综合考虑本案所涉场景，采用行为规制的方法加以审查，则更为符合个人信息保护的根本特征，也更有利于统筹个人信息的保护与利用。

因此，本案的法律适用应主要以《个人信息保护法》相关规定为宜，辅之《民法典》，更为妥适。

二、处理已公开个人信息的“合理范围”认定

本案第二个疑难问题是：处理已公开个人信息的“合理范围”应当如何认

定。《个人信息保护法》第十三条将个人信息的公开作为知情同意规则适用的例外情形，但第二十七条等规定又对这种例外情形施加“合理的范围”等限制条件。至于如何解释“合理的范围”或“合理使用”，结合本案来看，“合理使用”的认定标准应当以“合法、正当、诚信且必要”等基本原则为基础，结合处理目的、处理方式以及是否存在《个人信息保护法》第二十七条提及的“明确拒绝”等具体要素进行判断。

《个人信息保护法》第四条规定：“个人信息是以电子或者其他方式记录的与已识别或者可识别的自然人有关的各种信息，不包括匿名化处理后的信息。个人信息的处理包括个人信息的收集、存储、使用、加工、传输、提供、公开、删除等。”案涉相关信息为科技公司通过中国裁判文书网等公共渠道爬取、分析、统计的个人信息，属于已公开的个人信息。因此，科技公司构成对麦某已公开个人信息的处理。

一般情况下，个人信息处理者应当根据《个人信息保护法》第十七条的规定，在处理个人信息前，应当以显著方式、清晰易懂的语言真实、准确、完整地向个人告知相关事项。科技公司可以根据具体的业务需求，设计和实施告知义务的履行方式，充分保障个人信息主体的知情权。

具体到本案中，科技公司对麦某的已公开个人信息行为，需要考虑：《个人信息保护法》第十三条第一款规定：“符合下列情形之一的，个人信息处理者方可处理个人信息……（六）依照本法规定在合理的范围内处理个人自行公开或者其他已经合法公开的个人信息……”该条款强调了个人信息处理者在合理的范围内处理已公开个人信息，原则上可以无须就处理活动告知个人信息主体，也无须取得其同意。而对于范围合理与否的评价，应以处理目的和处理方式作为评价依据。麦某系某市注册执业律师，受某市律师协会管理。根据某市律师协会发布《严正声明》中载明内容，“法××”平台未经律师授权公开展示广州律师的联系方式等具体信息，小程序中显示的法律顾问与律师达成合作事宜涉嫌虚假宣传。从该声明文件中可知，一方面，科技公司为实现自身的商业目的，采取了更具有侵害性的处理方式；另一方面，该处理活动对个人权益已造成重大影响，个人信息处理者应当取得个人同意。法××平台为麦某设定“收费标准”、显示麦某“执业年限”“胜诉率”“执业证照片”等信息，虚构其在“法××”平台成功承揽业务次数等数据，均未取得麦某本人的同意。因此，科技公司已违反合法、正当、必要等原则，其针对已公开个人信息的处理行为不属于法定的合理范围，构成了对麦某个人信息权益的侵害行为。

三、自动化决策的司法判定标准

本案第三个疑难问题是：用户画像结果的公开是否可以成立自动化决策？虽然“生成”用户画像结果是自动化决策中的一个常见环节，但对于科技公司在“生成”的基础上，“公开”用户画像结果，并帮助平台使用者决策的行为，仅仅是单纯的用户画像行为，还是自动化决策本身呢？

《个人信息保护法》第七十三条第二项规定：“自动化决策，是指通过计算机程序自动分析、评估个人的行为习惯、兴趣爱好或者经济、健康、信用状况等，并进行决策的活动。”GT/T 35273—2020《信息安全技术 个人信息安全规范》（以下简称《个人信息安全规范》）“3.8用户画像 user profiling”中规定，用户画像是指通过收集、汇聚、分析个人信息，对某特定自然人个人特征，如职业、经济、健康、教育、个人喜好、信用、行为等方面作出分析或预测，形成其个人特征模型的过程。

就产业实践经验看，自动化决策通常包括两个环节：一是用户画像；二是利用用户画像结果对个人作出决策。某一信息处理行为是否为自动化决策的判定，一般看该行为是否根据算法代码所确定的技术设计步骤，通过数据汇集、行为画像、标签聚合等步骤，最终对个人作出决策。因此，这种判定方法可称为“技术设计说”。司法实践中，“技术设计说”逐渐向“实质影响说”。本案确立了技术处理、目标导向和结果评估的自动化决策“三角判定法”，为填补国内有关自动化决策司法判定标准空白提供可行性方案。本案中，“法××”平台通过爬取已公开信息，通过算法规则统计如既往判决胜诉率等指标，并为麦某生成专属页面，展示其“收费标准”“执业年限”“胜诉率”“执业证照片”等信息，应认定其对麦某进行了用户画像。该用户画像结果可为有律师服务需求的平台使用者提供客观的数据支持，帮助挑选适合的律师。应当认定为自动化决策：

第一，从技术处理来看，“法××”平台提供的数据服务，实际上是根据预先设定的算法和标准，对大量律师数据的筛选、分类、汇总与分析。这些数据的处理往往依赖于如数据挖掘等自动化算法和软件工具，此种公开用户画像结果的行为，在实现技术上可以被视为《个人信息保护法》第七十三条第二项规定的“通过计算机程序自动分析、评估”的活动，也属于《个人信息安全规范》规定的“作出分析或预测，形成其个人特征模型的过程”。

第二，从目标导向来看，“法××”平台所代表的律师数据聚合分析业态，实际上是通过公开用户画像结果，实现其律师中介服务的目标。这一目标应当视作科技公司提供帮助决策过程中的关键驱动因素。具体到本案中，“法××”平台根据用户画像自动选择合适的数据统计策略（如计算收费标准与胜诉率等指标），展示用户画像结果，并在对应基本信息页面中将麦某列为其平台认证律师，设置“法××编号”，并展示“解某某”“张某”作为麦某的业务接洽人，促进中介的成功率，亦与上述自动化决策的行为目的相吻合。

第三，从结果评估来看，根据两被告对“法××”平台的商业模式与运维方式的陈述，由于律师业务开展、裁判文书公开等上游数据来源的实时变动，“法××”平台公开展示的数据亦会产生相应的变化。与此同时，科技公司基于自身业务改进和优化的目的，亦需要对公开用户画像结果所产生的中介撮合成功率等效果进行评估。这个过程涉及对各种指标的跟踪和监测，如活跃用户量、用户满意度、用户留存率等。这些评估任务往往也依赖于自动化算法和软件工具。根据本案查明事实，“法××”平台的上线设置了测试阶段，说明“法××”平台有结果评估之考量。此外，其对麦某已公开个人信息进行分析的结果与实际存在较大出入，未客观反映麦某律师职业能力，亦反映出“法××”平台有结果评估之需要。因此，应当将其视为以公开“用户画像”结果，帮助平台使用者决策的自动化决策形式。

综上，科技公司对麦某用户画像并公开相关结果，帮助平台使用者决策的行为，构成自动化决策。依照《个人信息保护法》第二十四条第一款规定，个人信息处理者利用个人信息进行自动化决策，应当保证决策的透明度和结果公平、公正。科技公司未保证自动化决策的透明和处理结果的公平公正，构成了对麦某个人信息权益的侵害行为。

本案准确落实《个人信息保护法》，划定处理已公开个人信息的合法边界，对个人信息处理者通过公共渠道收集和使用已公开信息，用于律师业务评价、中介推荐服务等的行为亮明司法否定态度，严厉打击虚构数据等恶意引流行为。本案对于加强个人信息保护，规范自动化决策技术发展，促进互联网平台经济高质量发展具有积极意义。

在本案的审理过程中，审判团队摸索出以下四个方面以供同人批评：

一是理解数据处理的具体环境，不同行业对于个人信息的收集、使用和保护可能存在差异，了解特定行业的数据处理实践和技术特点可以帮助法官更好地理解案件中涉及的问题和争议。

二是考虑行业标准和最佳实践，许多行业有自己的数据处理标准和最佳实践，这些标准可能会影响法院对案件的解释和判断。法官需要了解行业标准，以便评估当事人的行为是否符合业界的期望和要求。

三是维护合理的商业运作模式，个人信息保护法旨在保护个人隐私权利的同时，也要平衡商业和社会的利益。法官需要权衡个人信息保护的重要性与相关行业的商业需求，确保裁判不会对行业的正常运作产生不合理的限制或负面影响。

四是避免判决不一致和不合理，由于不同行业具有不同的特点和需求，对于相似的个人信息保护案件，法院可能会在不同行业的案件中作出不同的判决。通过考虑行业背景和实务实践，法官可以确保判决的一致性和合理性，避免因为缺乏行业了解而作出不合理的裁决。

编写人：广州互联网法院　林北征　胡敏

5

请求赔偿网络虚拟财产应以存在损害后果为前提

——张某某诉曾某某网络侵害虚拟财产案

【案件基本信息】

1. 裁判书字号

上海市虹口区人民法院（2022）沪 0109 民初 5702 号民事判决书

2. 案由：网络侵害虚拟财产纠纷

3. 当事人

原告：张某某

被告：曾某某

【基本案情】

2021 年 11 月 15 日，张某某与曾某某约定，曾某某为张某某的案涉游戏账号提供代练服务，代练费为 3000 元。同日，张某某通过支付宝向曾某某支付代练费 3000 元。2021 年 11 月 17 日，曾某某不顾张某某禁止使用外挂的提示，在代练过程中使用外挂致张某某账号被封停至 2022 年 5 月 16 日 21 时 16 分 53 秒。封停期间，案涉游戏上线新皮肤，张某某的账号再无成为满皮肤账号的可能性。

案涉游戏的《游戏许可及服务协议》第 2.6 条约定："您仅享有游戏账号的使用权。您不得将游戏账号以任何方式提供给他人使用，包括但不限于不得以转让、出租、借用等方式提供给他人作包括但不限于直播、录制、代打代练等商业性使用。否则，某讯有权对您的游戏账号采取包括但不限于警告、限制或禁止使用游戏账号全部或部分功能、删除游戏账号及游戏数据及其他相关信息、封号直至注销的处理措施，因此造成的一切后果由您自行承担。"

【案件焦点】

张某某是否因曾某某侵权而遭受经济损失及经济损失的数额。

【法院裁判要旨】

上海市虹口区人民法院经审理认为：侵权损害赔偿责任中的损害后果，包括因侵权行为导致受害人遭受经济损失或精神损害。当事人主张的经济损失并非侵权行为所导致，或经济损失并未实际产生的，人民法院不予支持。当事人主张的非财产性损害后果不属于可赔偿范围的，人民法院亦不予支持。

本案中，在双方达成代练合意后，曾某某当然负有妥善使用张某某账号的义务。曾某某使用外挂致张某某账号被封，属违反约定作为义务实施侵权行为。针对损害后果，张某某称因曾某某侵权造成张某某经济损失和游戏体验减损，其中经济损失包括代练费损失和游戏账号价值贬损。首先，关于代练费。该费用系双方针对实现代练目标订立合同而由张某某向曾某某支付的对价，造成张某某支付代练费之后未能获取相应回报的原因在于曾某某未能完成合同约定的代练目标，故代练费并非因曾某某的侵权行为致使张某某遭受的经济损失。其次，关于游戏账号价值贬损。张某某主张的价值贬损系以“市场价值”为参照。鉴于《游戏许可及服务协议》在用户“将游戏账号以任何方式提供给他人使用”项下约定账号不得转让，该约定对全体用户具有约束力，故游戏账号不能交易，并无用以交易的市场价值。最后，关于游戏体验减损。游戏体验方面的价值并非财产价值、无法以金钱来衡量，游戏体验减损不能作为经济损失。故此，无法认定张某某已因曾某某的侵权行为遭受经济损失。

本案审理过程中，被告表示愿意全额返还代练费 3000 元，并愿意在此基础上再支付原告 3000 元。根据《中华人民共和国民事诉讼法》第十三条第二款之规定，被告系属在法律规定的范围内处分自己的民事权利。而被告的确存在侵权行为，其在此基础上自愿向原告退还代练费并额外支付部分钱款，于法不悖、与理相合，本院予以准许。

上海市虹口区人民法院依照《中华人民共和国民法典》第一百二十七条、第一百五十六条、第四百九十六条、第四百九十七条、第一千一百六十五条第一款及《中华人民共和国民事诉讼法》第十三条第二款之规定，判决如下：

被告曾某某应于本判决生效之日起十日内向原告张某某支付6000元。

判决后，双方当事人均未上诉，本判决现已生效。

【法官后语】

本案的情形属于侵权损害赔偿责任中的过错责任。双方达成代练的约定，曾某某为张某某的游戏账号提供代练服务，此后曾某某当然负有妥善使用张某某游戏账号的合同义务。而曾某某却在代练过程中使用外挂导致张某某游戏账号被封，其行为属于违反约定义务而实施侵权，而且主观上存在明显过错。故此，本案的关键在于审查损害后果要件。

一、损害后果须是行为人的侵权行为所导致

侵权损害赔偿责任中的损害后果，需为侵权行为所导致，也即需要同时满足损害后果要件和因果关系要件。理论界对于因果关系要件存在“必然因果关系说”和“相当因果关系说”。目前，我国大多数学者采“相当因果关系说”，王利明教授对该学说解释为，在因果关系认定上，需由法官进行一定“法律上的价值判断”。最高人民法院公报案例对此作详尽阐释，即法官需判断如下要件：(1) 若无此行为，即不会产生损害；(2) 若有此行为，则通常均得产生此后果。

本案中，张某某的诉讼请求包括主张曾某某返还代练费。代练费系双方达成代练合意后由张某某向曾某某支付的合同对价，若曾某某未完成合同义务，且张某某以违约为基础主张赔偿，则该笔代练费当然作为因曾某某违约而造成张某某的损失。然而，张某某明确在本案中以侵权为其请求权基础，若无曾某某使用外挂导致张某某账号被封的侵权行为，难言曾某某一定能完成合同义务。故此，张某某支出的代练费并非因曾某某侵权行为所导致，张某某不能基于侵权主张返还代练费。

二、非财产性损害后果中仅有严重精神损害可赔偿

侵权损害赔偿责任中的损害后果，需为财产性损害后果或精神损害，而精神损害需以“严重”二字为前提。损害分为财产性损害和非财产性损害，其中

非财产性损害是指没有财产价值，无法以金钱加以计算，也无法基于市场的真实交易将其物化为具体财产类型的损害。非财产性损害中包括精神损害，在行为人侵犯他人身体权、健康权等人身权益或侵害具有人身意义特定物时，可能导致被侵权人遭受严重精神损害，从而产生精神损害赔偿。有学者认为，侵害具有人身意义特定物系指具有精神寄托的、与人格属性相联系的特定物遭到毁损或灭失。除精神损害外的其他非财产性损害均不属于侵权损害赔偿中损害后果的范畴。被侵权人主张精神损害赔偿的，应明确其请求并就其严重性予以举证。

本案中，张某某提及因曾某某的侵权行为导致其游戏体验方面有所减损。张某某的账号中拥有较多皮肤，在该账号封停期间，张某某不能使用该账号获得游戏体验，其体验感确有减损。但是，游戏体验没有财产价值，只能作为非财产性损害，而张某某未将体验减损作为经济损失予以主张，亦未明确主张精神损害赔偿，且该损害不属于具有人身意义特定物遭受侵犯。因此，张某某在游戏体验方面的减损不能作为侵权损害赔偿责任的损害后果。

三、财产性损害后果需真实存在

侵权损害赔偿责任中的财产性损害后果，须真实存在。财产性损害又称为“经济损失”，是指具有财产价值，能够以金钱加以计算的损害。一般认为，除侵犯人身权益、侵犯具有人身意义的特定物而产生的严重精神损害可赔偿外，侵权行为所产生的损害后果只能是财产性损害。财产性损害分为直接损失和间接损失，直接损失是已得利益之丧失；间接损失是虽然受害时不存在，但如果受害人未受损害，则通常情况下必然得到的利益的丧失。无论是直接损失还是间接损失，纳入侵权损害赔偿范畴的财产性损害后果应当真实存在。

本案中，张某某的诉讼请求包括主张曾某某支付其游戏账号价值贬损的差价。张某某为此提供了账号交易平台在张某某账号封停前后，与张某某游戏账号相类似账号的挂牌价格作为参考，即张某某主张的财产性损害实为间接损失。但是，游戏玩家在注册账号时已经同意了游戏运营方制定的服务协议，该协议并非无效格式条款。协议中约定游戏账号不能转让、出租、借用，故账号不能被交易。张某某主张的账号贬损系参照账号的“市场价值”，存在“市场”的前提是物品可以被交易，而游戏账号本不能交易，没有“市场”，更无“市场价值”。虽然现实中有人买卖游戏账号，但买卖双方就账号达成一致的交易价格，不能当然作为账号的市场价值或作为侵权损害赔偿责任的损害后果。同时，张某某游戏账号中的物品并未因账号封停而有所减少，故张某某亦不存在直接损失。因此，张某某主张游戏账号价值贬损的损害后果并未实际产生。

编写人：上海市虹口区人民法院　徐丹阳

上海市静安区人民法院　杨钦云

二、违反安全保障义务责任纠纷

6

对设置有救生员的体育场馆经营者“安全保障义务”的合理程度如何认定

——黎甲、吴某诉体育公司违反安全保障义务责任案

【案件基本信息】

1. 裁判书字号

广西壮族自治区柳州市中级人民法院（2022）桂02民终3332号民事判决书

2. 案由：违反安全保障义务责任纠纷

3. 当事人

原告（上诉人）：黎甲、吴某

被告（被上诉人）：体育公司

【基本案情】

原告吴某是黎乙的配偶，原告黎甲是黎乙的女儿。2021年12月19日上午，黎乙在被告体育公司经营的游泳馆进行游泳锻炼。根据黎甲、吴某提交的游泳馆内的监控视频显示以下内容：

08：06：21黎乙在游泳过程中突然停止动作，继而身体下沉。此时，岸边救生员正在环视泳池，黎乙的表现未引起救生员的注意。

08：06：38 黎乙挣扎出水面，稍事休息。此时，岸边救生员正低头练习手臂力量。

08：06：47 黎乙折返，游向岸边，临近靠岸时进入救生员视线。

08：07：01 黎乙靠岸后，双手攀住泳池边，扭头与岸边救生员对视。

08：07：10 与救生员交流过程中，黎乙身体后仰，面部朝上，缓缓沉入水下。此时，救生员看到了黎乙的一系列表现，并对黎乙进行原地观察。

08：07：27 救生员缓步走近黎乙进行观察。

08：07：55 救生员进一步靠近黎乙进行观察。

08：08：10 救生员转身前往拿取救生杆。

08：08：32 黎乙被拖出水面。

08：08：38 其他救生员奔向黎乙，前来参与现场急救。

08：09：25 救生员对黎乙实施心肺复苏，持续现场急救至 120 医护人员到达现场施救。

最终，黎乙经抢救无效死亡。经司法鉴定，死亡原因为：由于黎乙自身存在冠状动脉粥样硬化，游泳时心脏的耗氧增加，心脏负担加大，引发心脏供氧供血不足，导致冠状动脉缺血、血管痉挛，出现胸闷、胸痛、气短等症状，此时淹没水中致水随呼吸进入肺脏而溺水死亡；鉴定意见为：黎乙符合在冠状动脉粥样硬化的基础上，溺水导致死亡。二原告认为被告体育公司违反安全保障义务，诉至法院要求体育公司对黎乙死亡产生的死亡赔偿金、医疗费、鉴定费等各项损失承担 70%的责任。

【案件焦点】

1. 救生员对黎乙的死亡是否存在过错及因果关系；2. 体育公司是否尽到安全保障义务。

【法院裁判要旨】

广西壮族自治区柳州市城中区人民法院经审理认为：安全保障义务要求义务主体采取的措施具有充分性和现实合理性。首先，根据监控视频显示，虽然救生员在08：06：38时没看到黎乙挣扎出水面，但是黎乙折返时、靠岸时、与救生员对视时，直至沉入水下的全过程均处于救生员的注视之下，这期间黎乙并没有求救或者异样表现。在黎乙事先未告知其身体状况、事中没特殊行为表现的情况下，救生员对其沉入水下的表现按照对待一般游泳者的标准进行观察、施救处理，并无不当，未违反救生员救生职责。其次，虽然黎乙的死亡原因是溺水死亡，但是导致其溺水的原因是其自身游泳行为引发疾病突发，且监控显示黎乙溺水时长为1分22秒，其被救上岸后立即实施了心肺复苏抢救，理应不会产生溺亡后果，因此造成黎乙死亡的原因并非救生员未及时发现和判断其异常并给予施救。综上，救生员不存在过错，其行为与黎乙的溺亡没有因果关系，被告体育公司已尽到安全保障义务，不应当对黎乙的死亡承担赔偿责任。被告体育公司同意基于公平原则和人文关怀角度对原告进行补偿81234元。

广西壮族自治区柳州市城中区人民法院依照《中华人民共和国民法典》第一千一百九十八条第一款、《中华人民共和国民事诉讼法》第六十七条之规定，判决如下：

一、被告体育公司补偿原告黎甲、吴某精神抚慰金81234元；

二、驳回原告黎甲、吴某的其他诉讼请求。

黎甲、吴某不服一审判决，提出上诉。广西壮族自治区柳州市中级人民法院经审理认为：案发时间为冬季上午8点，场馆内锻炼的人不多，通常不影响救生员的观察视线，救生员的处置行为符合常人对事情的观察、反应以及作出判断的合理期间，不存在放任和疏漏。黎甲、吴某还主张体育公司的救生员在实施心肺复苏的过程中方式方法没有完全按照规程。本院认为，救生员虽然需要掌握一定的救援技能，但是对其要求不能严格地按照医护人员的标准进行评价，救生员已经按照其掌握的技能进行了力所能及的积极施救，并不存在过错。因此，黎甲、吴某的该主张不成立，本院不予支持。

广西壮族自治区柳州市中级人民法院依照《中华人民共和国民事诉讼法》第一百七十七条第一款第一项之规定，作出如下判决：

驳回上诉，维持原判。

【法官后语】

《中华人民共和国民法典》第一千一百九十八条规定了宾馆、商场、体育场馆等场所的经营者在合理限度的范围内，应采取必要的、具有期待可能性的防范措施，尽到使他人免受人身及财产损害的义务。但在日常生活中，对于存在一定风险的体育活动的场所经营者，其安全保障义务应当有一定的限度，即经营者和体育活动参与者的合理注意义务应达到均衡的状态，否则若经营者均需对在场所内出现人身损害承担责任，则对其过于苛刻，违背了立法初衷。本案涉及难点主要有以下两个方面：

一、安全保障义务的合理限度或者范围如何认定

基于体育活动的风险性、对抗性等特征，体育场馆的经营者负有提供安全的硬件设施、配备足够的安全保障人员、提供适当的救助设备以及消除内外部不安全因素的义务。具体到本案中，判断体育场馆的经营者是否尽到安全保障义务应综合考虑以下方面进行认定：一是体育活动的特征；二是风险或损害行为的来源及强度；三是体育场馆经营者防范风险以及处理人身损害事件的能力；四是防范风险实现的可预见性和可期待性。黎乙作为成年人，应了解自身健康情况，其进行冬泳时应当预见到可能存在的风险。根据死亡鉴定意见，黎乙突发疾病导致溺水死亡，但因黎乙在整个游泳过程均没有发出求救信号，救生员难以从黎乙发生身体异常的初始就判断出来并进行救助，救生员对黎乙在游泳时突然病发不具有预见可能性。从黎乙身体沉入水下至救生员将其拖出水面仅间隔 1 分 22 秒，救生员的处置行为符合常人对事情的观察、反应及作出判断的合理期间，已尽及时救助义务，不能苛责救生员具备阻止突发疾病导致发生人身损害的控制能力。因此，合理期待规则是要求经营者承担社会普遍认同的能力范围内的安全保障义务，而不是要求绝对的安全保障，事实上也无法做到，与我国的经济发展水平也不相适应。

二、经营者是否因救助行为存在瑕疵而承担侵权责任

因果关系是侵权责任的构成基础，同时行为与结果之间是何种因果关系决定着行为人是否担责、责任范围和比例。因果关系分为事实上的因果关系和法

律上的因果关系，事实上的因果关系是指侵权行为在事实上对损害的发生具有原因力，则可认定二者之间具有因果关系；法律上的因果关系是指能够成为要求加害人承担赔偿责任根据的因果关系，是法律根据一定标准对事实上因果关系予以截取的结果。要想侵权责任成立，就必须具备法律上的因果关系；要确定法律上的因果关系，就必须符合社会价值判断标准，因此即便构成事实上的因果关系，也不一定能够认定加害人应承担侵权责任，还要考虑这种事实上的因果关系是否达到法律体系的要求。[①] 也就是说，在司法实践中，法院基本都是采用相当因果关系说，该学说的经典表述为：无此行为，虽必不生此损害，有此行为，通常足生此损害者，是为有因果关系；无此行为，必不生此损害，有此行为，通常亦不生此损害者，即无因果关系。本案中，救生员将黎乙拖到岸上后，立即对黎乙实施心肺复苏欲防止损害的扩大加重，虽然存在急救行为没有用口对口呼吸、没有按照30：2的按压方式、按压次数不够等瑕疵，但是该瑕疵通常不会导致被救者死亡的结果，因此与黎乙死亡后果不存在相当因果关系，因此不应承担侵权责任。

综合以上两点，黎甲、吴某要求体育公司承担赔偿责任的诉讼请求不应得到支持。

将常理运用到安全保障义务司法认定中，能够督促经营者寻求更加有效的安全管理模式，使经营者和消费者双方的利益得到保障和实现，取得法律效果和社会效果的统一。

编写人：广西壮族自治区柳州市城中区人民法院　唐婧

① 章丽：《论违反安全保障义务的侵权责任分配——以第三人介入为视角》，载《宁波广播电视大学学报》2018年第3期。

7

参加盈利性文体教学活动受伤不适用自甘风险规则

——王某某诉胡某某违反安全保障义务责任案

【案件基本信息】

1. 裁判书字号

湖北省武汉市汉阳区人民法院（2022）鄂0105民初12035号民事判决书

2. 案由：违反安全保障义务责任纠纷

3. 当事人

原告：王某某

被告：胡某某

【基本案情】

2022年5月8日，王某某通过胡某某发布的报名链接参加胡某某组织的腰旗橄榄球（新手局）活动，活动费用为59元。活动详情载明："费用包含场地、专业教学、能量补给、活动拍摄记录。同时还提示运动具备一定风险性，建议提前购买一份当日运动保险。"2022年5月13日，王某某参加了胡某某组织的腰旗橄榄球（新手局）活动。在活动教学环节中，教练投球，王某某进行接球后出现手部不适，活动结束后王某某左手出现明显肿胀。2022年5月15日，王某某前往武汉市第四医院就诊，经诊断为左手第5掌骨骨折。王某某于当日住院治疗8日，共计支付医药费20377.63元，其中个人负担9819.31元，医疗保险报销10558.32元。王某某就医康复后，胡某某拒不承担王某某的医药费，王某某遂向法院起诉，请求法院判令胡某某赔偿医疗费、误工费等费用共计22019.31元，并向王某某当面道歉。

【案件焦点】

1. 王某某受伤与胡某某组织活动是否具有关联性；2. 王某某是否应当对参加案涉活动自甘风险；3. 王某某所受损失的责任划分如何确定。

【法院裁判要旨】

湖北省武汉市汉阳区人民法院经审理认为：关于争议焦点一，从王某某活动当天结束后及次日拍摄的照片、胡某某在微信聊天记录中的陈述，可认定王某某确在胡某某组织的案涉活动中受伤。因王某某所受到的伤害并非能够立刻判定是否需要前往医院进行就医，故其在受伤后两日前往医院就医符合常理。因此，认定王某某受伤与胡某某组织活动具有关联性。

关于争议焦点二，自甘风险规则适用情形为，活动参与者在对自身相关文体活动能力进行评估后，与其他具备相同或相近活动能力的个人共同进行文体活动。本案中，胡某某系组织盈利性的教学活动，且其在活动详情处明确注明包含专业教学，由胡某某聘请教练并支付相关费用。王某某参与该相关教学活动，其对自身是否适应参与该运动缺乏自我评估能力，故王某某对参加案涉活动不构成自甘风险。

关于争议焦点三，胡某某作为具有盈利性质的群众性教学活动的组织者，在没有相关教学资质的情况下，无法保障教学活动秩序及安全，在王某某受伤后亦无法进行准确判断与处置。故对于王某某的损失具有责任。王某某作为具备完全民事行为能力的自然人，在未核实胡某某相关资质的情况下参加具有一定危险性的体育教学活动，且在胡某某建议其购买保险的情况下亦未购买。故，其对自身的损失亦负有责任。根据原告、胡某某双方的过错程度，认定胡某某按王某某损失的50%向其赔付。

湖北省武汉市汉阳区人民法院依照《中华人民共和国民法典》第一千一百六十五条第一款、第一千一百七十三条、第一千一百七十九条、第一千一百九十八条第一款，《最高人民法院关于审理人身损害赔偿案件适用法律若干问题的解释》第六条、第七条、第八条、第九条、第十条，《中华人民共和国民事诉讼法》第六十七条、第一百四十五条之规定，判决如下：

一、被告胡某某于本判决生效之日起十日内向原告王某某支付赔偿款5952.1元；

二、驳回原告王某某的其他诉讼请求。

判决后，双方当事人均未上诉，本判决现已生效。

【法官后语】

《中华人民共和国民法典》第一千一百七十六条规定："自愿参加具有一定风险的文体活动，因其他参加者的行为受到损害的，受害人不得请求其他参加者承担侵权责任；但是，其他参加者对损害的发生有故意或者重大过失的除外。活动组织者的责任适用本法第一千一百九十八条至第一千二百零一条的规定。"这是我国首次确立自甘风险规则。鉴于本案为受害人在盈利性文体教学活动中受伤，进行责任认定应当分析以下三个方面问题。

一、盈利性文体教学活动是否属于自甘风险规则的适用范围。

根据《中华人民共和国民法典》第一千一百七十六条的规定，适用自甘风险应当同时满足以下几个方面条件：(1) 适用活动范围：参与具有一定风险的文体活动。"具有一定风险"是指因活动性质而使该文体活动在社会一般人视角下具有不可避免的固有风险，换言之，风险性是该活动必不可少的要素之一。(2) 受害人主观认识条件：受害人在意识到所参加文体活动的风险的基础上自愿参加该文体活动。即适用自甘风险活动要求受害人对其所参加活动的风险性有全面的认知，这一条件的判断可结合受害人参加该种活动的过往经历及活动组织者是否进行风险提示来判断。(3) 侵权行为实施主体：因活动其他参加者的行为受到损害。根据《中华人民共和国民法典》第一千一百七十六条的规定，仅在受害人因活动其他参加者的行为受到损害时才可适用自甘风险规则。需要注意的是，"其他参加者"的认定应限定在损害结果发生时活动的实际参加者。(4) 行为人主观过错程度：无故意或者重大过失。即损害结果的发生是由于活动本身的固有风险性，而行为人主观上并无故意或重大过失。

结合适用条件对本案进行分析。首先，本案涉及文体活动为一次性体验课，胡某某于课程介绍中特别标注"新手局"，根据课程上述特征，胡某某应当将活动风险控制在较小范围内，避免学员受到损害，而王某某手掌骨折的结果很显然超出了该教学行为应具有的风险范围。其次，活动为“新手局”，可推出学员之前并未接触过腰旗橄榄球活动，且腰旗橄榄球活动并非常见活动，因此学员对该项活动风险性缺乏认识符合常理，胡某某虽然于活动详情页注明“运动具有一定风险”，但是并未具体说明风险来源及可能导致的损害，导致学员对于活动风险行仅具有概括性的认识，不足以让学员根据活动风险做出是否“自愿参加”的判断。最后，活动的另一方参加者为教练，且案涉活动为盈利性教学培训活动，类比《中华人民共和国民法典》中的其他规则，盈利性教学活动中教练应付出更高的安全保障义务，在此背景下，因教练投球导致王某某手掌骨折构成重大过失。

综上，本案王某某参加盈利性文体教学活动受伤不属于自甘风险规则的适用范围。

二、能否类推适用自甘风险规则。

《中华人民共和国民法典》第一千一百七十六条将活动性质限定为“具有一定风险的文体活动”，将“侵权行为实施主体”限定为“其他参加者”。从法条内容来看，扩大适用自甘风险规则并不适宜。此外，如果活动组织者为学校等教育机构，应当适用学校等教育机构在学生受到人身损害时的相关责任规定。虽然盈利性文体教学活动与教育机构开展文体教育存在差别，但是差别主要体现在学员身份的不同及学员参加文体教学的自愿性上。在活动性质上，二者均为教学属性；在学员对活动风险的认识上，均体现为认识缺少或不全面。因此，参照类似法律规定来看，不应将盈利性文体教学活动类推适用自甘风险规则。

三、自甘风险情况下活动组织者的责任承担问题。

自甘风险规则作为免责或减轻责任事由，并不当然免除或减轻活动组织者责任。根据《中华人民共和国民法典》第一千一百七十六条、第一千一百九十八条的规定，如果活动组织者未尽到安全保障义务，即使侵权行为人可通过自甘风险规则免责，活动组织者也依然要承担侵权责任。本案中，案涉活动为盈利性教学活动，学员付出教学成本的同时产生教学行为安全与专业的可期待性，胡某某作为活动组织者，应当在可期待的范围内承担更高的安全保障义务，采取有效措施防止意外发生。综上，即使本案可适用自甘风险规则，胡某某仍应按照《中华人民共和国民法典》第一千一百九十八条的规定承担未尽到安全保障义务的侵权责任。

编写人：湖北省武汉市汉阳区人民法院　黄雯馨

8

经营场所内摔倒受伤情形下经营者安全保障义务的认定

——杜某诉药店违反安全保障义务责任案

【案件基本信息】

1. 裁判书字号

山东省淄博市中级人民法院（2022）鲁 03 民终 1404 号民事判决书

2. 案由：违反安全保障义务责任纠纷

3. 当事人

原告（被上诉人）：杜某

被告（上诉人）：药店

【基本案情】

2021 年 6 月 1 日 17 点左右，年近 70 岁的杜某到药店买药，在该药店内行走时突然摔倒在地，造成身体受伤。杜某摔倒受伤后被送到医院住院治疗，伤情经诊断为右股骨颈骨折，经医学司法鉴定中心鉴定，杜某的伤情构成九级伤残。因杜某与药店协商未果，遂诉至法院，请求判令药店赔偿医疗费、伤残赔偿金等损失 207835.84 元。杜某称摔倒是由于药店地面有水滑倒的。药店否认杜某摔倒时地面上有水，且称杜某因年老体弱自己不慎摔倒受伤，不应当承担赔偿责任。

【案件焦点】

经营场所内摔倒受伤情形下经营者安全保障义务应如何认定。

【法院裁判要旨】

山东省沂源县人民法院经审理认为：杜某在药店买药时由于地面有水滑倒受伤的事实有证人张某某的证言佐证，药店否认地面有水应当提供监控视频资料予以反驳，因其有条件举证但未举证，故对其辩称事实不予采纳，对杜某主张因药店地面有水致其滑倒在地的事实予以认定。药店作为从事经营活动的公共场所管理者，对包括进入其经营场所的杜某具有合理限度范围内的安全保障义务，但其工作人员未及时清理地面水渍，也未采取其他必要的安全警示或提醒措施，对杜某滑倒受伤的损害后果具有过错，应当承担相应的侵权责任。杜某作为完全民事行为能力人，对自身安全未尽到足够的安全注意义务，对自身滑倒受伤的损害后果具有一定过错，可减轻药店的赔偿责任。

山东省沂源县人民法院根据《中华人民共和国民法典》第一千一百九十八条，《最高人民法院关于审理人身损害赔偿案件适用法律若干问题的解释》第六条、第七条、第八条、第九条、第十条、第十一条之规定，判决如下：

一、药店赔偿杜某医疗费 23058.84 元、住院伙食补助费 480 元、伤残赔偿金 96167 元、鉴定费 2080 元、误工费 28800 元、护理费 18000 元、营养费 4500 元、交通费 200 元，合计 173285.84 元的 60%，计款 103971.50 元，该款与药店已支付的 1000 元相折抵后还应支付 102971.50 元；

二、药店赔偿杜某精神损害抚慰金 2000 元；

三、驳回杜某的其他诉讼请求。

药店不服一审判决，提起上诉。山东省淄博市中级人民法院经审理认为：药店作为从事经营活动的经营者、管理者，应当对进入其经营场所的人员在合理限度内承担免受人身及财产损害的义务。杜某进入药店后因地面有水导致滑倒摔伤，药店对地面水渍未采取能够预防或消除危险的必要措施，违反了安全保障义务。药店的上诉请求不能成立，应予驳回。一审认定事实清楚，适用法律正确。

山东省淄博市中级人民法院依照《中华人民共和国民事诉讼法》第一百七十七条第一款第一项之规定，判决如下：

驳回上诉，维持原判。

【法官后语】

本案主要涉及经营场所对违反安全保障义务行为的认定问题。

安全保障义务是一种法律在综合考量了在调整商业活动的秩序中设立这种义务的社会经济价值及道德需要后依据诚信及公平原则确立的法定义务。民法理论认为，需要尽适当注意义务却没有尽到这种义务，就具有民法上的过错，就应当承担过错的民事赔偿责任。

《中华人民共和国民法典》第一千一百九十八条第一款规定，宾馆、商场、银行、车站、机场、体育场馆、娱乐场所等经营场所、公共场所的经营者、管理者或者群众性活动的组织者，未尽到安全保障义务，造成他人损害的，应当承担侵权责任。该规定首次明确了经营场所的经营者需承担的安全保障义务，那就是在特定的服务场所，权利人的人身和财产安全应当得到保障，义务人应当对这种人身和财产安全履行相应的积极作为或者消极不作为义务。

本案中，原告到被告经营场所购买药物，是典型的消费者，属于安全保障义务的权利主体；而被告作为从事药品销售的经营者，属于对该场所负有法定安全保障义务或者具有事实上控制力的公民、法人或其他社会组织，是明确的义务主体，符合《中华人民共和国民法典》第一千一百九十八条关于经营者安全保障义务的规定。双方在本案中的争议焦点是被告是否尽到了安全保障义务、原告对损害事实的发生是否具有过错。从法律规定和司法实践来看，对安全保障义务行为的正确认定，主要应当从以下三个方面进行审查：

第一，关于经营者合理限度内的安全保障义务的界定及范围、标准问题。经营者的安全保障义务主要源于法律的规定，也可因契约而生，甚至是依据经营的实际情况和社会生活的一般常识，但最终都表现为一种法律上的负担；经营者利用其经营的场所、设施，从中获利，就应对其场所具有控制危险发生和扩大的能力；减轻、避免危险发生的成本由经营者来承担也符合经济学规律，在经营场所的消费者及其他人无能力亦没有义务来承担这些风险成本。因此，经营者未尽合理限度范围内的安全保障义务，就会产生损害赔偿责任，但经营者的安全保障义务不是无限的，判断经营者安全保障义务的“合理限度”，应当根据与安全保障义务人所从事的营业或者其他社会活动相适应的安全保障义务的必要性和可能性，结合具体情况认定。

本案中，被告作为经营者，在其经营场所内，应当保障消费者的人身和财产安全，包括对可能造成危险的设施、行为设置明显的标志并采取相应的保护措施，但被告未提供证据证实其在店内设置了“小心地滑”等警示标志或者采取了其他相应的保护措施，导致原告摔倒受伤，属于未履行相应的积极作为义务，且事故发生后，对造成事故的原因，被告认可药店内有监控视频，但以没有保存已被周期性更新为由未提供，属于有条件举证但未举证，应视为被告未能尽到合理限度范围内的安全保障义务，因此，原告在被告处购买药物过程中摔伤，被告理应赔偿其损失。

第二，关于安全保障义务的归责原则和举证责任问题。安全保障义务的归责原则应适用过错责任原则，关于安全保障义务人过错的举证责任应当由谁来承担的问题，通说认为，仍应由受害人一方来承担，因为民法典中的安全保障义务本身就是为受害人的权利保护而创设的，所以受害人就安全保障义务人的过错进行举证是利益平衡的结论。本案中，原告举证证实其因正常需求到药店购买药品，被告医药连锁有限公司店内地面积水导致自身摔伤和发生损害后果的事实，该事实已通过证人证实，且不存在故意摔倒的主观故意，原告的举证责任已经完成；而被告称已尽到合理限度范围内的安全保障义务，但未能提供充分有效的证据予以证明，因此，对原告滑倒受伤的损害后果具有过错，应对原告遭受的损害承担赔偿责任。

第三，关于免除或减轻经营者责任的条件问题。在特殊侵权责任中，对受害人的注意义务要求较低，而加重了所有人、管理人的注意义务和民事责任，其目的在于更好地保护公众的人身和财产权利。在这类案件中，可以免除或减轻经营者的民事责任有三种情形：第一种，受害人故意造成，即自我加害的，则由受害人对其自己的行为承担责任，可以免除经营者的责任；第二种，由第三人的行为造成，则由该第三人来承担责任；第三种，受害人或第三人有明显过错的，可以减轻经营者的责任。本案中，原告虽然年龄较大，但日常生活中，能够在固定摊位上自主经营，其具备正常行走和生活的条件，其作为完全民事行为能力人应当能够辨别日常危险行为，但其对自身安全未尽到足够的安全注意义务，对滑倒受伤的损害后果具有一定过错，可适当减轻被告的赔偿责任。因此，本案根据双方的具体行为及本案的实际情况，确定由被告承担原告损失的60%符合法律的规定。

综上，《中华人民共和国民法典》对经营者需承担的安全保障义务进行设定，主要目的是促使安全保障义务人加强服务、商品等领域安全保障方面管理，以更加人性化的服务体现对人的关照和尊重，也有利于合理分配损害责任，补偿受害人的损失。本案中，被告虽以地面没有积水和被告年老体弱为由拒绝承担责任，但从原、被告提供的相关证据分析，被告的行为显然不能从法律上成为其已经履行安全保障义务的合法理由，依法不应予以采信。故，本案人民法院根据民法典的相关规定判决被告承担主要赔偿责任，符合法律规定，无疑是正确的。

编写人：山东省沂源县人民法院　刘文葆

9

第三人介入侵权中安全保障义务的内容与限度

——白某某诉铁路公司、旅行社违反安全保障义务责任案

【案件基本信息】

1. 裁判书字号

北京市第四中级人民法院（2022）京04民终336号民事判决书

2. 案由：违反安全保障义务责任纠纷

3. 当事人

原告（上诉人）：白某某

被告（上诉人）：铁路公司、旅行社

第三人：邢某

【基本案情】

白某某参加旅行社，乘坐列车到达某车站换乘，乘坐下行扶梯时，邢某于扶梯出口处摔倒，导致其身后白某某等多名旅客挤压在扶梯出口处，致使白某某受伤。旅行社并未带领携带大件行李的老年旅行社成员乘坐直梯出站，而是乘坐扶梯出站。邢某于下行扶梯出口处摔倒，铁路公司的工作人员忙乱搀扶邢某堵住扶梯出口，导致其身后多名旅客积压在扶梯出口处，致使白某某受伤。

【案件焦点】

1. 第一摔倒人邢某是否应当承担责任；2. 铁路公司的安全保障义务是否能扩大解释；3. 旅行社是否应当承担责任以及承担比例的确定。

【法院裁判要旨】

北京市海淀区人民法院经审理认为：商场、银行、车站、机场、体育场馆、娱乐场所等经营场所、公共场所的经营者、管理者或者群众性活动的组织者，未尽到安全保障义务，造成他人损害的，应当承担侵权责任。本案中，铁路公司作为公共场所的管理者，国庆出行高峰期间，在对直梯自由使用进行一定限制的情况下，未对乘坐扶梯的旅客的安全出行进行充分的保障，在一定程度上造成了本案事件的发生。旅行社作为专业的旅行社，面对老年旅行团，未对旅客的出行安全进行有效的告知，未尽到充分保障旅客安全的义务，应对本次事件的发生承担一定的责任。同时，本次事件发生的起因是因为邢某拿着大件行李在扶梯出口处摔倒，故邢某亦应承担一定的责任。具体责任比例，本院根据事发的具体原因，酌情确定铁路公司、旅行社和邢某平均承担责任。白某某在本案中不主张邢某承担赔偿责任，本院不持异议。

北京市海淀区人民法院依照《中华人民共和国侵权责任法》第十二条、第十六条，《最高人民法院关于审理人身损害赔偿案件适用法律若干问题的解释》第六条、第八条、第九条、第十条、第十一条、第十二条、第十三条，《最高人民法院关于确定民事侵权精神损害赔偿责任若干问题的解释》第一条、第五条，《最高人民法院关于适用〈中华人民共和国民法典〉时间效力的若干规定》第一条之规定，判决如下：

一、铁路公司于本判决生效后七日内赔偿白某某619018元；

二、旅行社于本判决生效后七日内赔偿白某某619018元；

三、驳回白某某的其他诉讼请求。

北京市第四中级人民法院经审理认为：安全保障义务是指宾馆、商场、银行、车站、娱乐场所等公共场所的管理人或者群众性活动的组织者负有的保障他人之人身安全、财产安全的注意义务。安全保障义务旨在保护他人的人身安全与财产安全。公共场所的管理人与群众性活动的组织者负有相应的安全保障义务，方能有效地维护公共安全与社会秩序。

关于铁路公司的责任认定。铁路公司作为公共场所的管理人，应当尽到安全保障义务。案涉事故发生时，铁路公司在对直梯的自由使用进行限制，且出行旅客较多的情形下，未能在直梯旁配备值班人员，亦未在自动扶梯口配备工作人员进行人流疏导和安全提示，存在过错。邢某摔倒后，工作人员处置混乱，未能及时按停电梯，也未能及时阻止后续旅客乘坐扶梯，导致损害持续发生，存在明显过错。本院注意到，案涉事故发生场所天津火车站内下行扶梯多次发生伤人事件并被自媒体多次报道、被网友诟病，但铁路公司并未对此采取整改措施。铁路公司未能对相关公众的安全给予合理的注意，疏于注意造成他人人身损害的，应当承担侵权责任。

关于旅行社的责任认定。旅行社作为旅游服务机构，对风险的防范意识应当高于游客，且负有保障游客安全的责任，并应当尽到安全保障义务。在带领老年旅行团出游且团员均携带大件行李的情形下，旅行社的工作人员应采取协调乘坐直梯方式出站等有效防范措施，而非放任老年团员携带大件行李乘坐扶梯出站。故，旅行社未尽到安全保障义务，对案涉事故的发生应当承担一定的责任。

关于邢某的责任认定。老年人适当的进行旅游活动可以强身健体，放松身心。邢某拿着大件行李在下行扶梯出口处摔倒，摔倒并非过错，且并不必然导致白某某的受伤。如铁路公司的工作人员引导老人乘坐直梯，增加工作人员协助、提前做好安全疏导，安排合理乘梯间隔，则邢某不会摔倒；如铁路公司的工作人员及时按停扶梯而非忙乱搀扶邢某堵住扶梯出口，及时阻止后续人员乘坐出事扶梯，则案涉损害不会发生。邢某并未侵害白某某的民事权益，不应承担侵权责任，故一审法院关于邢某应承担一定责任的认定属适用法律错误，应予纠正。

综合上述分析，对白某某的损失，铁路公司、旅行社应承担侵权责任。铁路公司对案涉事故存在明显过错，应承担 90% 的责任。旅行社承担 10% 的责任。

北京市第四中级人民法院判决如下：

一、撤销北京市海淀区人民法院民事判决；

二、铁路公司于本判决生效后七日内赔偿白某某 2328851 元；

三、旅行社于本判决生效后七日内赔偿白某某 258761 元。

四、驳回白某某的其他诉讼请求。

【法官后语】

该案一二审分歧在于：其一，该事故第一个摔倒人邢某是否对事故所有的受害人承担侵权责任；其二，在有第三人介入的情形下，铁路公司是否能越过第三人直接承担较为严苛的违反安全保障义务侵权责任，具体承担责任比例甚至达 90%。踩踏事故中的每个人都可能压倒、推搡、踩踏到其他人，本质上是其他受害人的直接侵权人，邢某的摔倒行为并无过错，其也是该起事故的受害者，法不强人所难，无法苛责一个无过错的摔倒行为对事故中所有人的损害后果都承担责任，否则第一摔倒人就承担了近似较为宽泛的安全保障义务，甚至人人不敢摔倒、人人不敢出行。故，两个争议焦点的实质可变为：第三人介入侵权中，若无法归责于第三人，铁路公司是否能直接承担主要或全部责任。

一、实践检验：安全保障义务的限缩与泛化

最高人民法院发布的指导案例140号、141号传递出限缩安全保障义务边界的态度。实践中，安全保障义务边界有被扩大的倾向。比如，安全保障义务人被课以近似结果责任的极高注意义务，只要有损害发生就应担责；又如，生效判决不考虑采取措施的可能性与合理性，动辄引用安全保障义务的相关规定以期分担损失。指导案例140号“李秋月等诉广州市花都区梯面镇红山村村民委员会违反安全保障义务责任纠纷案”认为，红山村村民委员会作为红山村景区的管理人，虽负有保障游客免遭损害的安全保障义务，但安全保障义务内容的确定应限于景区管理人的管理和控制能力的合理范围之内。指导案例141号“支某1等诉北京市永定河管理处生命权、健康权、身体权纠纷案”认为，消力池属于禁止公众进入的水利工程设施，不属于“公共场所”。这都表明安全保障义务的边界应该合理界定。

二、致害风险：违反安全保障义务侵权责任的特殊性

违反安全保障义务侵权责任是一种独特的侵权责任，此类侵权中造成损害的并非责任人的行为，而是责任人所管领的风险。责任人之所以承担侵权责任，并非因其行为带来了致害风险，而是因其未尽防范避免风险实现所需的安全保障义务。比如，本案中铁路公司开设火车站，该行为本身是正当的，但该场所存在致害风险，铁路公司负有防范踩踏风险实现的义务。与规制高度危险的危险责任不同，安全保障义务并非无条件地杜绝风险实现，而是采取合理措施防范避免风险实现，因而必须是合理且可能的，安全保障义务人只需在合理的限度范围内降低对他人实施侵权行为的风险或在侵权行为发生时减少给受害人造成的损害。

三、风险分配：第三人介入侵权中安全保障义务的内容与限度

（一）第三人介入并实施行为是否为公共场所固有的潜在风险

第三人介入侵权中，受害人之损害是由安全保障义务人之外的第三人引起的，因而为安全保障义务人设定防范避免第三人故意或过失侵权的安全保障义

务的前提条件就需要予以特别研究。从因果关系和责任承担角度而言就是，安全保障义务人与受害人损害间之因果关系链条及其责任是否因第三人行为之介入而被切断或免除。有两种情况：其一，第三人实施的是独立的行为，该行为只是非常偶然地与安全保障义务人所管领之风险领域结合在一起，则安全保障义务人与受害人损害间的因果关系链条被第三人的行为切断；其二，如果第三人所实施的行为与安全保障义务人所管领之风险的结合是一种社会常态而非偶然，或者说，第三人介入并实施侵权行为本来就是安全保障义务人所管领之领域固有的潜在风险，安全保障义务人就需对此负有安全保障义务。本案中，某车站人流量大，且当时由于不可抗力，铁路公司对直梯限制使用，所有旅客只能乘坐扶梯，同时，紧急制动按钮安装在下行内侧，不便于紧急制停，老人乘坐扶梯摔倒并非偶然，而是火车站潜在风险，且有较大的概率发生，铁路公司应合理预见到踩踏风险。

（二）风险分配应当考虑的因素类型及利益衡量的基本规则

安全保障义务具体内容与范围，可以结合风险对于受害人的不利影响与责任人避免或减少风险实现所需支付的成本进行比较，于两者利益大致均衡之处确立安全保障义务，同时辅之考虑受害人自我保护的可能性。若风险管理人仅需支付较小成本就可以避免较大损害，则法律为风险管理人设定的严格安全保障义务就是合理的；若支付成本远大于不利影响，则安全保障义务的内容就应当被缩限。此外，若受害人具有较强的自我保护的可能性，且受害人之通常能力可以有效回避风险，责任人的安全保障义务可以适当减免甚至免除。本案中，该车站下行扶梯多次发生伤人事件并被自媒体多次报道，铁路公司并未引起重视并采取整改措施，铁路公司只要提前采取配备值班人员、紧急事故培训等合理措施，该起踩踏事故发生概率就会大大降低。此外，出入车站的人包括像邢某一样自我保护能力较弱的群体，铁路公司的安全保障义务程度就应当适当提高。在该案中，铁路公司应承担较重的安全保障义务。

（三）裁判要旨

第三人介入并实施行为是公共场所固有的潜在风险且无法归责于第三人时，

安全保障义务人负有主要或全部责任，具体比例应比较风险对受害人的不利影响与减少风险实现所需支付的成本，辅之考量受害人自我保护的可能性。

本案既是对社会关注的公共安全事件的回应，又提醒了铁路公司等公众场所管理者、经营者应采取合理且可能的安全保障措施，避免悲剧的发生。

编写人：北京市海淀区人民法院 杨雨洁

10

自甘风险规则中群众性活动组织者的安全保障义务责任的认定

——张某2等诉潜水俱乐部群众性活动组织者责任案

【案件基本信息】

1. 裁判书字号

广西壮族自治区南宁市中级人民法院（2022）桂01民终6558号民事判决书

2. 案由：群众性活动组织者责任纠纷

3. 当事人

原告（上诉人）：张某2、姚某某、梁某某、张某3

被告（上诉人）：潜水俱乐部

【基本案情】

2020年4月28日，潜水俱乐部法定代表人韦某华在某微信群提议去新发现的某潜水点“××泉”潜水，包括张某1在内共17人报名参加。韦某华在群内发起群收费，除潜水设备的租用费用外，另收组织费100元/人。2020年5月1日上午，张某1潜水后未上岸，经寻找和救援，发现张某1沉在水底已溺亡。据查，张某1是拥有OW开放水域潜水员证、AOW进阶开放水域潜水员证、高氧潜水员证、紧急救护员证、救援潜水员证等五个潜水员等级证的休闲潜水员，不具备洞穴潜水员资格。事故发生后，当地政府经调查形成事故调查报告，据调查报告分析，张某1潜入洞穴后气瓶耗尽导致淹溺死亡，是事故发生的直接原因。张某1安全意识淡薄，对洞穴潜水存在的安全隐患估计不足，未采取相关安全防护措施，是事故发生的间接原因之一；涉事潜水点风险性极高，是事故发生的原因之二；潜水俱乐部未尽到安全管理职责，未制订本次活动实施方案及对应潜水点的安全事故应急救援预案，现场管理混乱，是事故发生的间接原因之三。本起事故是一起非生产安全事故。张某1的第一顺序继承人为配偶梁某某、儿子张某3，父亲张某2、母亲姚某某。张某1的第一顺序继承人认为潜水俱乐部违法组织高风险的野外天然水域潜水活动，未尽到安全保障义务，应当对张某1的死亡承担侵权责任，为此诉至法院，要求潜水俱乐部赔偿死亡赔偿金、丧葬费、误工费、住宿费、交通费、精神损害抚慰金共计106万余元。

【案件焦点】

1. 潜水俱乐部在组织本次潜水活动中是否已尽到安全保障义务；2. 民事责任分配比例如何确定。

【法院裁判要旨】

广西壮族自治区南宁市武鸣区人民法院经审理认为：潜水俱乐部收取组织费并在气瓶租赁上获取利润，此次潜水活动为营利性活动。潜水俱乐部未按国家体育总局规定申请并取得高危险性体育项目经营许可，组织本次潜水活动系超越业务范围的违规经营行为。《中华人民共和国侵权责任法》第三十七条规定，“群众性活动的组织者，未尽到安全保障义务，造成他人损害的，应当承担侵权责任”。根据上述法律规定，潜水俱乐部组织休闲潜水活动，其应对活动参与人尽到安全保障义务。潜水俱乐部在本案潜水活动中是否营利并不影响其承担组织者责任。此次潜水活动系野外天然水域潜水，潜点“××泉”系潜水俱乐部法定代表人发现的野外新潜点，本次潜水活动具有野外探险性质，且潜点地形复杂，存在水下洞穴，裂隙入口有多通道可能，能见度会随着人员游动及气泡影响而急剧下降，从而导致风险性极高。潜水俱乐部未向全部活动参与者告知潜点存在的安全风险及活动参与者应知的地形、地貌、水体状况等情况，未强调潜伴制度及严禁洞潜，增大了活动参与者的安全风险。此外，潜水俱乐部未根据相关安全规定对活动细节进行合理的安排，未制订潜水活动方案，也没有安排专人对潜水活动中可能发生的不安全情况进行监管，未确认入水的潜水人员都有潜伴，未规定潜水时间，未指定专人严格监督潜水人员的出水及入水时间以便及时发现是否有潜水人员未按时出水发生意外。本次潜水活动缺乏规范性和专业性，现场管理混乱，导致未能及时发现张某 1 未按时出水，延误了救援工作的开展。虽然参加本次潜水的 17 人中韦某、刘某、沈某、张某 1 都具有社会体育指导员资质，专业人士已达到应急预案的比例。但因组织管理混乱，专业人士未能起到应有的作用。活动组织者潜水俱乐部未尽到安全保障义务，应对张某 1 的不幸遇难承担侵权责任。

张某 1 系休闲潜水员，不具备洞穴潜水员资格，应当自觉遵守休闲潜水活动的安全潜水规定。张某 1 明知潜伴制度对潜水安全的重要性，却未与潜友组成潜伴，独自下水潜水，严重违反了潜伴制度，把自身置于危险之中，丧失了在遇到紧急情况时从潜伴处获得帮助的机会，对发生潜水事故负有责任。且根据现场情况等可知，张某 1 主动进入洞穴的可能性大，其身为休闲潜水员，参加具有探险性质的野外天然水域潜水活动，安全意识淡薄，严重违反潜伴制度、严禁洞潜制度，在未经训练，未具备适当装备的情况下，单人单瓶无牵引绳，擅自进入上方封闭的潜水环境，存在严重过错。根据《最高人民法院关于适用〈中华人民共和国民法典〉时间效力的若干规定》第十六条的规定，民法典施行前，受害人自愿参加具有一定风险的文体活动受到损害引起的民事纠纷案件，适用民法典第一千一百七十六条的规定。根据《中华人民共和国民法典》第一千一百七十六条关于自甘冒险行为损害赔偿责任的规定，张某 1 明知本次潜水活动的潜点系新发现的野外天然水域潜点，参加该潜水活动具有不确定的危险性，仍甘愿冒险为之，属自甘冒险行为，应当自负相应责任。结合张某 1、潜水俱乐部行为对事故发生的原因力大小，确认张某 1 自负 60%的民事责任，潜水俱乐部承担40%的民事责任。

广西壮族自治区南宁市武鸣区人民法院依照《中华人民共和国侵权责任法》第三十七条,《中华人民共和国民法典》第一千一百七十六条,《最高人民法院关于适用〈中华人民共和国民法典〉时间效力的若干规定》第十六条、第二十八条,《最高人民法院关于审理人身损害赔偿案件适用法律若干问题的解释》第一条、第十七条、第十八条、第二十条、第二十二条、第二十七条、第二十八条、第二十九条、第三十五条,《最高人民法院关于确定民事侵权精神损害赔偿责任若干问题的解释》第八条第二款,第十条第一项、第二项、第三项、第五项、第六项及第十一条之规定,判决如下:

一、潜水俱乐部赔偿张某2、姚某某、梁某某、张某3死亡赔偿金809992元、丧葬费36774元、误工费2375元、住宿费900元、交通费1000元共计851041元的40%即340416.4元;

二、潜水俱乐部赔偿张某2、姚某某、梁某某、张某3精神损害抚慰金20000元。

张某2、姚某某、梁某某、张某3及潜水俱乐部均不服一审判决,提起上诉。广西壮族自治区南宁市中级人民法院经审理认为:潜水尤其是野外天然水域潜水是具有相当风险的体育活动,张某1明知仍自愿参加,受到损失应自担部分责任,一审认定其为自甘冒险符合法律规定,张某1家属一方认为不属于自甘冒险,理由不能成立。潜水俱乐部存在选择未经开发的野外天然水域组织潜水,未向全部参与者告知地形地貌和风险,未强调潜伴制度及严禁洞潜,现场管理混乱等过错,未尽到安全保障义务,增加了张某1潜水的风险,延误了发现和救援的时间,其过错与张某1死亡具有因果关系,应承担相应责任。一审认定张某1自担60%、潜水俱乐部承担40%的民事责任,责任划分符合双方过错程度,比例合理恰当。本院予以维持。

广西壮族自治区南宁市中级人民法院依照《中华人民共和国民事诉讼法》第一百七十七条第一款第一项之规定,判决如下:

驳回上诉,维持原判。

【法官后语】

近年来，随着人们生活质量的不断提高，潜水、攀岩、探险等高风险娱乐项目越来越受到年轻人的欢迎，但参加者在享受刺激的同时，也给其带来了人身安全风险，伴随的活动意外也时有发生。

为明晰参与具有风险的体育活动引发事故的各方责任，2021年1月1日正式实施的《中华人民共和国民法典》侵权责任编新增了“自甘风险”原则。自甘风险也叫自甘冒险、危险的自愿承担，是指受害人自愿参加具有一定风险的活动，因其他参加者或活动组织者的行为等造成损害，受害人不得请求其他参加者承担侵权责任，但是其他参加者对损害的发生具有故意或重大过失的除外的侵权责任的人免责事由。

《中华人民共和国民法典》第一千一百七十六条第一款规定：“自愿参加具有一定风险的文体活动，因其他参加者的行为受到损害的，受害人不得请求其他参加者承担侵权责任；但是，其他参加者对损害的发生有故意或者重大过失的除外。”同时，该条第二款对文体活动组织者的侵权责任作了不同于参加者的规定：“活动组织者的责任适用本法第一千一百九十八条至第一千二百零一条的规定。”另该法第一千一百九十八条规定：“宾馆、商场、银行、车站、机场、体育场馆、娱乐场所等经营场所、公共场所的经营者、管理者或者群众性活动的组织者，未尽到安全保障义务，造成他人损害的，应当承担侵权责任。因第三人的行为造成他人损害的，由第三人承担侵权责任；经营者、管理者或者组织者未尽到安全保障义务的，承担相应的补充责任。经营者、管理者或者组织者承担补充责任后，可以向第三人追偿。”

也就是说，基于自甘风险原则，参加者自愿参与高风险活动时应当充分认识到其危险性，由此产生的正常风险原则上应当由参加者自己承担。活动组织者负有安全保障义务，组织者不能以自甘风险为抗辩理由，减轻或免除其安全保障责任。这样规定的原因是群众性活动的组织者对活动实际情况最为了解，对可能发生的危险和损害有最大可能的预见性，其应当从全体参与者的人身财产利益出发，坚持专业、谨慎、安全原则，充分履行通知、排查、告知、提醒、注意等义务，尽量回避或者降低活动的风险，确保活动安全、顺利进行，未能履行安全保障义务导致他人损害的，活动组织者应当承担侵权责任。

在本案中，野外天然水域潜水是具有较大风险的体育活动，张某1明知仍自愿参加，可以认定为自甘冒险行为。而潜水俱乐部作为活动组织者应充分履行严格谨慎义务和安全保障义务。但活动中，潜水俱乐部存在选择未经开发的野外天然水域组织潜水，未向全部参与者告知地形地貌和风险，未强调潜伴制度及严禁洞潜规则，现场管理混乱等过错，未尽到安全保障义务，应承担民事侵权责任。

本案给高风险体育活动的参与者及组织者均敲响了警钟。在参与高风险体育活动项目时，牢记“本人”是自身安全的第一责任人，一定要充分了解活动的形式和内容，全面考察活动组织者的安全保障能力，结合自身情况，合理预估活动风险，量力而行，不可“超范围”“超能力”冒险。在活动的过程中应增强自我保护意识，妥善采取安全保护措施，尽到注意义务，遵守活动规则和安保要求，保证自身及他人人身财产安全。群众性活动组织者，应充分认识到自甘风险并非完全将参加者置于危险的境地而不理，任其自生自灭，其仍应充分履行严格谨慎义务和安全保障义务，如事前风险告知、科学安排活动、严格把控风险、事后积极救助等，积极防范可能发生的意外事件，否则应承担相应的民事责任。

编写人：广西壮族自治区南宁市武鸣区人民法院　钟小琴　陆星佳

三、教育机构责任纠纷

11

教育机构对教职员工体罚学生造成的人身损害承担过错责任

——金某某诉胡某某、某小学生命权、身体权、健康权案

【案件基本信息】

1. 裁判书字号

湖南省株洲市中级人民法院（2022）湘02民终1161号民事判决书

2. 案由：生命权、身体权、健康权纠纷

3. 当事人

原告（被上诉人）：金某某

被告（上诉人）：胡某某、某小学

【基本案情】

原告金某某系被告某小学四年级97班学生，被告胡某某系其语文老师。2020年10月10日早上，因原告忘交作业，被告胡某某让原告和其他四名未交作业的同学一起罚做200个连续深蹲以示惩罚。学生下蹲时被告胡某某离开，不在学生视线范围内。原告当天下肢疼痛但未告知家长，直到10月12日放学回家，原告母亲发现其走路不正常，原告如实相告后，次日被送往医院检查治疗。之后原告在家敷药休息20多天并多次去医院做理疗。后经医院诊断为双膝

关节、髋关节损伤，双膝关节、髋关节滑膜炎。检查治疗伊始原告及家长找到被告某小学，要求处理此事，学校领导承认了被告胡某某的错误行为及该行为对原告所造成的损害，并代被告胡某某道歉，并表态会承担合理的医疗费用，让原告及家长放心。此后被告胡某某亦在校领导的陪同下登门向原告道歉，学校亦安排教师补上了原告休息养病期间的课程，并联合纪检监察部门对被告胡某某予以处分。

事发后，原告在其法定代理人的陪同下，前往多家医院接受门诊治疗共22次。2021年9月10日，原告向某司法鉴定所申请就误工费、护理费、营养费予以评定，司法鉴定意见书认定原告双膝关节、髋关节损伤，双膝关节、髋关节滑膜炎，护理期210日，营养期90日。截至起诉之日，原告已支付医疗费8510.61元，两被告已向原告支付了11173.32元。

【案件焦点】

1. 学生金某某损伤的合理损失是多少；2. 学校及教职员工对学生金某某的人身损害造成的损失是否承担民事赔偿责任。

【法院裁判要旨】

湖南省株洲市荷塘区人民法院经审理认为：该案系生命权、健康权、身体权纠纷。根据《中华人民共和国未成年人保护法》第二十一条规定："学校、幼儿园、托儿所的教职员工应当尊重未成年人人格尊严，不得对未成年人实施体罚、变相体罚或者其他侮辱人格尊严的行为。"学生犯错，老师可以惩戒学生，但应以教育学生改正错误为目的，在不伤害学生身心健康前提下，在合理的范围内进行，而不应体罚学生。体罚是指教师对学生身体进行责罚或施加控制以进行惩罚或教育的行为，包括打手、打脸、拧耳、下蹲等。本案中，被告胡某某责罚原告连续做200个深蹲以示未交作业之惩罚，符合体罚之构成要件。本案中，被告胡某某对原告实施了体罚的违法行为，且该行为造成了原告受伤的损害事实，被告胡某某实施该体罚行为主观上明知或应知其可能会对原告造成一定的损害后果，体罚原告时离开现场，不在学生视线范围内，未尽安全保护注意义务，且具有主动积极促成被告身体状态下降的心理状态，事后亦未主动通知原告家长其实施的惩罚行为，具有主观过错，符合侵权责任的构成要件，被告胡某某应当承担侵权责任。根据《中华人民共和国侵权责任法》第三十四条第一款规定："用人单位的工作人员因执行工作任务造成他人损害的，由用人单位承担侵权责任。"第三十九条规定："限制民事行为能力人在学校或者其他教育机构学习、生活期间受到人身损害，学校或者其他教育机构未尽到教育、管理职责的，应当承担责任。"本案中，被告胡某某系在执行其教学工作任务中，因原告未及时上交作业而体罚原告，造成原告损害，依法由被告某小学承担赔偿责任，其承担责任后可以依法向被告胡某某行使追偿权。经审查，原告金某某在本案事故中的合理损失为37812.61元，被告已支付11173.32元。

湖南省株洲市荷塘区人民法院依照《最高人民法院关于适用〈中华人民共和国民法典〉时间效力的若干规定》第一条第二款，《中华人民共和国未成年人保护法》第二十一条，《中华人民共和国侵权责任法》第六条、第三十四条第一款、第三十九条，《最高人民法院关于审理人身损害赔偿案件适用法律若干问题的解释》第一条、第七条第一款、第十九条、第二十一条、第二十二条、第二十四条，《最高人民法院关于确定精神损害赔偿责任若干问题的解释》第八条第一款之规定，判决如下：

一、被告某小学自本判决生效之日起10日内赔偿原告金某某损失费用共计人民币26639.29元；

二、驳回原告金某某的其他诉讼请求。

胡某某、某小学不服一审判决，提起上诉。湖南省株洲市中级人民法院经审理认为，一审判决认定事实清楚，适用法律正确。

湖南省株洲市中级人民法院依照《中华人民共和国民事诉讼法》第一百七十七条第一款第一项之规定，判决如下：

驳回上诉，维持原判。

【法官后语】

《中华人民共和国未成年人保护法》第二十一条规定："学校、幼儿园、托儿所的教职员工应当尊重未成年人人格尊严，不得对未成年人实施体罚、变相体罚或者其他侮辱人格尊严的行为。"学生犯错，老师可以惩戒学生，但应以教育学生改正错误为目的，在不伤害学生身心健康前提下，在合理的范围内进行，而不应体罚或变相体罚学生。教职员工对学生实施体罚，系违法行为，其实施体罚行为主观上明知或应该知道可能会对学生造成一定的损害后果，如客观上因其体罚行为造成了学生受伤的损害事实，体罚时未尽安全保护注意义务，且具有主动积极促成学生身体状态下降的心理状态，事后亦未主动通知学生家长其实施的体罚行为，具有主观过错，符合过错、违法行为、因果关系、损害事实相统一的侵权责任全部构成要件，教职员工应当承担侵权责任。

《中华人民共和国民法典》第一千二百条规定："限制民事行为能力人在学校或者其他教育机构学习、生活期间受到人身损害，学校或者其他教育机构未尽到教育、管理职责的，应当承担侵权责任。"教师为维护教学管理秩序对学生进行体罚，学校应当对教师的职务行为承担民事责任。教师体罚学生，在学校与学生间构成了特殊侵权损害赔偿责任，学生受到人身损害是由于教师在执行职务过程中造成的，其最终原因是学校未对学生尽到保护责任，故由此引起的人身损害赔偿诉讼，应由学校承担相应的民事侵权责任。案涉纠纷系教职员工在执行其教学工作任务中，因学生未及时上交作业而体罚学生，造成学生损害，依法由学校承担赔偿责任。学校在承担责任之后，可根据教师的过错和经济状况，在学校内部责令其承担部分损失。

《中华人民共和国未成年人保护法》第六十三条规定："学校、幼儿园、托儿所侵害未成年人合法权益的，由教育行政部门或者其他有关部门责令改正；情节严重的，对直接负责的主管人员和其他直接责任人员依法给予处分。学校、幼儿园、托儿所教职员工对未成年人实施体罚、变相体罚或者其他侮辱人格行为的，由其所在单位或者上级机关责令改正；情节严重的，依法给予处分。"《中华人民共和国教师法》亦规定了教师应承担的法律责任，即体罚学生，经教育不改的，由所在学校、其他教育机构或教育行政部门给予行政处分或解聘；情节严重，构成犯罪的，依法追究刑事责任。因体罚学生造成的教育机构对学生在校期间的人身损害承担过错责任的纠纷时有发生，从本案中可引以为戒，学校要加强对教职员工的管理，树立正确的育人观。广大中小学、幼儿园、托儿所教职员工加强对《中华人民共和国未成年人保护法》《中华人民共和国教师法》的学习，树立正确的育人观，对学生的不良习惯或者其他拖欠作业的行为，老师要正确引导其改正不良行为，如有必要可以通知家长，让家长和老师一起参与学生的学习管理，共同为学生的成长铺设健康之路。

编写人：湖南省株洲市荷塘区人民法院　肖伟群

12

幼儿在幼儿园摔伤，教育机构责任的认定

——周某某诉幼儿园、保险公司教育机构责任案

【案件基本信息】

1. 裁判书字号

湖南省岳阳市中级人民法院（2022）湘06民终3581号民事判决书

2. 案由：教育机构责任纠纷

3. 当事人

原告（被上诉人）：周某某

被告（被上诉人）：幼儿园

被告（上诉人）：保险公司

【基本案情】

5岁的周某某就读幼儿园。2021年1月15日中午，周某某在老师的组织下

准备午休，其间一学生拉扯周某某衣服致其倒地，周某某头部受伤并出现昏迷呕吐现象，后被老师安抚睡着。下午放学时，老师将周某某送至其母亲方某处，其母亲方某是该校校车跟车老师，方某发觉周某某双眼紧闭，精神状态不好，便问老师周某某在学校是否摔伤，老师对此予以否定。回家后，周某某精神状态没有好转，方某遂将其送往医院治疗，医院诊断周某某左顶叶脑出血，脑疝形成，左顶部皮下积液。经鉴定，周某某的损伤伤残程度为一处九级伤残、一处十级伤残。另查明，幼儿园曾在保险公司为学生购买保险。事故发生后，周某某多次找幼儿园及保险公司要求协商解决未果，特此起诉，主张幼儿园及保险公司承担侵权损害赔偿责任。

【案件焦点】

事故对周某某造成的损失如何认定及损失责任如何承担。

【法院裁判要旨】

湖南省岳阳县人民法院经审理认为：周某某的损失经审核认定如下：1. 医疗费 41463. 85 元（已支出医疗费 67081. 85 元-城乡居民医疗保险补偿 28618 元外+后续治疗费 3000 元）；2. 住院伙食补助费 3900 元；3. 营养费 7500 元；4. 护理费 32641. 6 元（79428 元/年÷365 天×150 天）；5. 伤残赔偿金 206383. 6 元（44866 元/年×23%×20 年）；6. 交通费 800 元；7. 鉴定费 2200 元；8. 精神损害抚慰金 26000 元。以上损失共计 320889. 05 元。依照《中华人民共和国民法典》第一千一百九十九条规定："无民事行为能力人在幼儿园、学校或者其他教育机构学习、生活期间受到人身损害的，幼儿园、学校或者其他教育机构应当承担侵权责任；但是，能够证明尽到教育、管理职责的，不承担侵权责任。"本案中，周某某在幼儿园准备午睡时摔伤，发生事故时才满 5 周岁，系无民事行为能力人。幼儿园没有证据证明自己已尽到教育、管理、保护职责，故应对周某某的损失承担全部责任。幼儿园在保险公司购买了校方责任保险，事故发生在保险期内，根据《中华人民共和国保险法》第六十五条规定，可由保险公司直接向该第三者赔偿保险金。保险公司主张不承担鉴定费，因鉴定费是查明受害人伤情及确定其相应损失所支付的必要的、合理的费用，保险人应予承担，故对其上述意见不予采纳。关于精神损害赔偿，因保险公司与幼儿园在合同中已明确约定精神损害赔偿不属于保险赔偿范围，故对保险公司主张其不负责赔偿的意见予以采纳。周某某的损失 320889.05 元应由保险公司在保险赔偿限额内赔偿 294889.05 元（320889.05 元-26000 元）；保险赔偿限额外的损失 26000 元，由幼儿园负责赔偿。

湖南省岳阳县人民法院依照《中华人民共和国民法典》第一千一百七十九条、第一千一百八十三条、第一千一百九十九条，《最高人民法院关于审理人身损害赔偿案件适用法律若干问题的解释》第六条、第八条、第九条、第十条、第十一条、第十二条，《最高人民法院关于确定民事侵权精神损害赔偿责任若干问题的解释》第一条、第五条之规定，判决如下：

一、保险公司赔偿周某某损失 294889.05 元，抵减其已理赔的 47000 元，还应赔偿 247889.05 元；

二、幼儿园赔偿周某某损失 26000 元，抵减其已赔偿的 15000 元，还应赔偿 11000 元；

三、驳回周某某的其他诉讼请求。

保险公司不服一审判决，提起上诉。湖南省岳阳市中级人民法院同意一审法院裁判意见，且从监控视频来看，事发时无老师在场，在周某某受伤后，幼儿园既未立即送往医院治疗，也未及时向周某某的父母通报，存在过错，故二审法院认为一审法院认定幼儿园承担全部赔偿责任并无不当。综上所述，一审判决认定事实清楚，适用法律正确，应予维持。

湖南省岳阳市中级人民法院依照《中华人民共和国民事诉讼法》第一百七十七条第一款第一项之规定，判决如下：

驳回上诉，维持原判。

【法官后语】

对于教育机构的责任如何认定，在审判实践中，应当注意以下几个方面：

其一，公民的生命健康权受法律保护。教育机构接受教育的公民系无民事行为能力人，教育机构应当对其尽到教育、管理、保护职责，否则如发生事故，教育机构应当承担责任。《中华人民共和国民法典》第一千一百九十九条对教育机构是否应当对受到人身损害的无民事行为能力人承担责任有明确的规定。无民事行为能力人在幼儿园、学校或者其他教育机构学习、生活期间受到人身损害的，幼儿园、学校或者其他教育机构应当承担侵权责任；但是，能够证明尽到教育、管理职责的，不承担侵权责任。

本案中，幼儿园未能举证证明其已尽到教育、管理职责；且从监控视频来看，事发时无老师在场，在周某某受伤后，幼儿园既未立即送往医院治疗，也未及时向周某某的父母通报，存在过错，应当承担侵权责任。

其二，教育机构在保险公司购买了校方责任保险，事故发生在保险期内，保险公司是否应当赔偿保险金？赔偿应当怎样计算？根据《中华人民共和国保险法》第六十五条规定，可由保险公司直接向该第三者赔偿保险金。本案中，关于周某某残疾赔偿金的赔偿系数，其构成一处九级伤残、一处十级伤残，参照湖南省高级人民法院颁布的审理道路交通事故损害赔偿案件的相关标准，其残疾赔偿系数认定为23%较为适当，可予维持；关于住院伙食补助费，根据《最高人民法院关于审理人身损害赔偿案件适用法律若干问题的解释》第十条规定，可参照国家机关工作人员出差伙食补助标准确定，现湖南省地区国家工作人员最低出差伙食补助标准为每天100元，故一审法院按照100元/天计算伙食补助费并无不当；关于营养费，周某某为5岁幼童，其伤情又极为严重，需要加强营养，一审法院按照50元/天的标准计算其营养费并无不当；关于护理费，根据《最高人民法院关于审理人身损害赔偿案件适用法律若干问题的解释》第八条规定，可参照护工或当地从事同等级别护理的劳务报酬计算，现一审法院参照非私营单位居民服务业收入标准计算本案的护理费并无不当；关于鉴定费，是查明受害人伤情及确定其相应损失所支付的必要的、合理的费用，且案涉保险合同并未约定保险人不承担鉴定费，保险人应予承担；关于精神损害赔偿，因保险公司与幼儿园在合同中已明确约定精神损害赔偿不属于保险赔偿范围，故对保险公司主张其不负责赔偿的意见予以采纳。

综合以上两点，周某某的损失320889.05元应由保险公司在保险赔偿限额内赔偿294889.05元（320889.05元-26000元）；保险赔偿限额外的损失26000元，由幼儿园负责赔偿。故，人民法院通过判决的形式予以确认。

编写人：湖南省岳阳县人民法院　古田　许东旭

四、产品责任纠纷

13

超标电动自行车生产商应承担相应的赔偿责任

——韩某某、徐甲诉电动车公司产品责任案

【案件基本信息】

1. 裁判书字号

山东省济南市中级人民法院（2022）鲁 01 民终第 10487 号民事判决书

2. 案由：产品责任纠纷

3. 当事人

原告（上诉人）：韩某某、徐甲

被告（上诉人）：电动车公司

【基本案情】

韩某某、徐甲系夫妻关系，两原告之子徐乙系 2002 年 9 月 27 日出生。

2018 年 11 月 11 日 00 时 40 分许，徐乙无机动车驾驶证驾驶某牌电动二轮车（后载邱某某），遇陈某某由西向东步行横过道路，电动二轮车躲避行人时摔倒，电动二轮车后轮将行人陈某某碰倒，造成陈某某受伤的道路交通事故。2018 年 12 月 24 日，济南市公安局交通警察支队天桥区大队作出了道路交通事故认定书，分析认为：徐乙无证驾驶机动车未避让行人的行为是造成此次事故发生的原因，确定徐乙承担事故的全部责任，陈某某、邱某某无责任。某牌电动二轮车所有人系徐乙，经鉴定属于机动车，制动装置为机械式制动系统，制动装置齐全，各机件连接正常，制动有效。

【案件焦点】

1. 超标电动自行车发生交通事故生产厂家是否承担责任；2. 驾驶人的过错是否造成生产厂家侵权责任因果关系中断。

【法院裁判要旨】

山东省济南市市中区人民法院经审理认为：综合原告当庭的陈述及提交的发票、证明、质量防伪合格证等证据，可以认定涉案的电动二轮车系由被告电动车公司所生产。根据质量防伪合格证显示，涉案的二轮车为电动自行车，但事故发生后，该二轮车经鉴定属于机动车。虽然是否为机动车这一事实本身与交通事故的发生并无必然联系，但是交警部门在对事故进行处理时，将徐乙无证驾驶机动车作为事故发生原因之一进行了责任认定；且本院在审理相关道路交通事故损害赔偿责任纠纷案件中，也采纳了交警部门的责任认定，判决本案原告韩某某、徐甲作为徐乙的法定代理人承担全部民事赔偿责任。原告方因不知道该二轮车属于机动车，从而在使用中放松警惕、降低了驾驶技术要求，导致无证驾驶机动车，应当认定被告存在警示缺陷，且该警示缺陷与两原告在本次交通事故中承担的责任有一定的因果关系；结合其他事故发生原因（未避让行人），本院酌定被告对两原告在本次事故中承担的损失赔偿责任分担10%，即128954.78元。关于诉讼时效的起算点，应当自两原告履行完相关道路交通事故损害赔偿责任纠纷案件的判决之次日起即2021年5月25日起算，故其诉讼请求没有超过诉讼时效期间。

山东省济南市市中区人民法院依照《中华人民共和国产品质量法》第四十一条第一款、《中华人民共和国民事诉讼法》第六十四条之规定，判决如下：

一、被告电动车公司于本判决生效之日起十日内赔偿原告韩某某、徐甲经济损失128954.78元；

二、驳回原告韩某某、徐甲的其他诉讼请求。

韩某某、徐甲、电动车公司均不服一审判决，提出上诉。山东省济南市中级人民法院经审理认为：关于赔偿责任比例问题，根据在案证据，涉案电动自行车经鉴定属于机动车。虽然是否为机动车这一事实本身与前案交通事故的发生并无必然联系，但是交警部门在对事故进行处理时，将徐乙无证驾驶机动车作为事故发生原因之一进行了责任认定。一审法院综合考虑当事人因不知道涉案车辆属于机动车，从而在使用中放松警惕、降低了驾驶技术要求，导致无证驾驶机动车，与其在本次交通事故中承担的责任有一定的因果关系等因素，酌定某公司对韩某某、徐甲告在本次事故中承担的损失赔偿责任分担10%，符合本案的实际情况，本院予以确认。同时，一审法院关于诉讼时效的认定，并无不当。二审法院同意一审法院裁判意见。

山东省济南市中级人民法院依照《中华人民共和国民事诉讼法》第一百七十七条第一款第一项之规定，判决如下：

驳回上诉，维持原判。

【法官后语】

本案是涉及电动自行车产品责任的典型案例，近年来，电动自行车凭借环保便捷的特点吸引了更多消费者，成功占据市场并获得受众群体青睐，在满足居民日常出行需求的同时也解决了环境保护问题。无论是从提升文明程度的角度还是从道路交通安全的角度，对超标电动自行车交通事故中的责任认定进行分析都非常有必要。这个案例是典型的超标电动车侵权案件，为相关问题的研究提供了一个重要的分析样本。

一、超标电动车发生交通事故生产厂家是否承担责任

一般认为，产品责任中所说的产品瑕疵，不仅包括产品原材料中的缺陷，而且包括设计、制造等产品本体方面的缺陷，甚至包括产品的包装缺陷以及通告缺陷即未提供正确使用产品的方法和有关危险警示等。本案中，厂家应对事故的发生承担责任。

（一）超标电动自行车属于缺陷产品

根据国家对产品质量的有关条例，产品本身设计或生产的缺陷、流程技术

方面的制造缺陷以及没有告知消费者的警示缺陷，都算入产品缺陷。本案中，电动自行车的鉴定结果显示为机动车，但是作为生产厂家，并没有对消费者尽到告知提醒义务，也没有让消费者意识到存在的风险和安全问题，因此生产者存在警示缺陷，本案中肇事电动车属于缺陷产品。

（二）存在损害事实

根据国家有关侵权的法律规定，当产品存在设计缺陷或者生产制造缺陷时，如果对生产者之外的其他人造成任何损失，生产者都应当承担侵权责任。本案中，徐乙无证驾驶机动车造成行人陈某某死亡已是既定事实，已产生实际的损害后果。

（三）缺陷产品与损害事实之间存在因果关系

首先，生产厂家没有尽到告知义务，使得驾驶人在不知情的情况下驾驶机动车上路。驾驶人作为一般人，不具备识别机动车和非机动车的专业知识与技能，因此造成驾驶者无证驾驶的局面；其次，产品存在警示缺陷。本案中，机动车的警示标志为非机动车，使驾驶人陷入错误认识。

二、电动自行车驾驶人的过错是否造成生产厂家侵权责任的因果关系中断

对于产品侵权案件，司法实践中存在条件说、必然因果关系说、相当因果关系说等多种理论适用。有观点认为，当一个条件根本性地增加了损害结果发生的可能性，就认定其存在相当性。对于侵权行为和损害结果不存在直接因果关系，不是事件发展进程中自然常态下发生的联系，应适用相当因果关系说。

本案中，电动车公司辩称，事件发生的原因是徐乙无证驾驶、不礼让行人等原因造成的，与电动自行车性质没有关系，即使该电动自行车为非机动车也不能避免事故的发生。审判中，根据相当因果关系说，即使没有直接证据表明涉案电动自行车警示说明上的缺陷直接造成了本案事故的发生，但考虑到涉案电动自行车的最高车速大于20km/h，电动车公司不仅没有作警示说明，反而误导消费者“电动自行车属非机动车”。从盖然性的角度看，上述产品警示说明方面的缺陷明显增加了涉案电动车使用中潜在的危险性，即从普通人的经验判

断，显然增加了发生本案事故的可能性，因此本案中产品的警示缺陷与事故的发生具有一定的因果关系。

编写人：山东省济南市市中区人民法院　张来安

14

网购美容产品是否属于缺陷产品及相关责任认定

——田某诉网络公司、化妆品店产品责任案

【案件基本信息】

1. 裁判书字号

湖北省荆州市中级人民法院（2022）鄂10民终249号民事判决书

2. 案由：产品责任纠纷

3. 当事人

原告（上诉人）：田某

被告（被上诉人）：网络公司、化妆品店

【基本案情】

田某于2019年4月通过网络公司的平台在化妆品店购买激光家用洗眉淡斑电子美容仪，用于洗唇线，并支付价款378元。后在使用过程中，因操作不当，造成眼部灼伤。田某到各大医院治疗。后双方因该事故的过错归属及损失负担问题争议较大，故而引发诉讼。经田某委托鉴定，某司法鉴定所于2020年6月22日作出司法鉴定意见书：田某因激光灼伤，致左眼视网膜黄斑灼伤。经治疗，发现左眼视力0.02，伤残程度为九级伤残。

另查明，田某于2019年4月24日收到产品，随产品附有一张卡片，上面载明操作方法："……4. 操作过程中，注意戴上防护眼镜。"邮寄给田某的产品配备有护目镜。田某与化妆品店客服的聊天记录载明：“先在手上试试，熟练了再使用到脸上哦，最好找人帮忙使用，手法很关键。不要随意操作，感觉痛了就换个地方做。”“没事，过一下就好了，过半个小时就好了。”“不会的，是你看激光太久了。”田某在聊天中表明：“不是扫眼睛，是手误。我就是听你的在手上试，后来移动到脸部就不小心搞眼睛上了。”田某一审庭审时陈述：产品收到后，没有怎么仔细看，我当时不知道这个是说明书，就直接问了客服，操作时没有戴眼罩。”“我当时是一个人操作的，产品是插电使用，当时眼睛没有戴东西，插电源后就开始调挡位，我调好后就在手上使用，我是用右手操作，在左手上面使用的，当时就有一阵很强烈的蓝光，我感觉像是触电了，手一抖，可能右手在抖动的过程中晃到左眼了，过了一会我就发现我的左眼有一个白色的光圈，看不清了，我问了客服，客服说没事，过一会儿就好了。”

根据法律及司法解释的规定，结合田某提交的票据，其构成九级伤残的各项损失共计 201829.04 元。

【案件焦点】

1. 化妆品店应当如何赔偿田某；2. 网络公司是否应当承担连带赔偿责任。

【法院裁判要旨】

湖北省荆州市荆州区人民法院经审理认为：田某购买的产品本身配备有护目镜，且随产品邮寄的小卡片上备注的操作方法亦载明操作过程中注意戴上防护镜，再结合田某庭审时关于产品使用过程的陈述，田某操作不当是造成其眼睛受到损害的主要原因，其应承担 70%的主要责任；化妆品店的此项产品没有出厂日期和生产厂家、质量合格证也为空白，故一审法院酌定其承担 30%的次要责任；田某在与化妆品店沟通无果后，直接进入诉讼，网络公司及时披露了销售者的相关信息，且田某并未提供证据证明网络公司存在明知或应知销售者或服务者利用其平台侵害消费者合法权益，未采取必要措施的情形，故网络公司不承担责任。

湖北省荆州市荆州区人民法院依照《中华人民共和国侵权责任法》第六

条、第十六条、第二十二条、第二十六条、《中华人民共和国消费者权益保护法》第七条、第十八条、第二十条、第四十四条和《中华人民共和国民事诉讼法》第六十四条、第一百四十二条、第一百四十四条之规定，判决如下：

一、化妆品店（经营者李某）于本判决书生效之日起十日内赔偿田某60548.71元；

二、驳回田某的其他诉讼请求。

田某不服一审判决，提出上诉。湖北省荆州市中级人民法院经审理认为：田某因使用其购买的产品导致损害，诉请产品销售者和销售平台承担赔偿责任，本案应为产品责任纠纷。一审确定案由为生命权、身体权、健康权纠纷不当。产品责任纠纷适用无过错责任原则。田某购买的案涉产品是激光产品，其包装明显不符合相关国家标准中标示和说明中关于警示的要求，存在危及人身安全的不合理危险，属于缺陷产品。该产品的使用造成了田某的损害，应当由生产者承担赔偿责任。案涉产品没有标示生产厂家，销售者在审理中亦未说明供货者，故其应承担赔偿责任。一审法院认定本案为一般侵权纠纷、适用过错原则不当。关于责任比例，案涉产品从外观上可以看出不符合小电器的包装要求，其使用原理是通过激光及辐射来祛除斑纹，本身具有一定的危险性，需要谨慎使用。田某明显未尽到谨慎注意义务，对其自身的损害存在重大过失，二审法院酌定减轻销售者30%的赔偿责任。

湖北省荆州市中级人民法院依照《中华人民共和国民事诉讼法》第二百六十条之规定，判决如下：

一、化妆品店（经营者李某）于本判决书生效之日起十日内赔偿田某144366.33元；

二、驳回田某的其他诉讼请求。

【法官后语】

对有关网购产品类纠纷的处理，人民法院应从最大限度保护消费者权益的角度出发。确定纠纷性质、认定缺陷产品、认定相关责任主体、划分责任比例，是该类纠纷中的重难点问题。

一、关于案由的确定

网购的美容产品造成人身损害的案件，消费者向产品销售者主张权利的，可以根据消费者的诉讼请求确定为买卖合同纠纷或者产品销售者责任纠纷。如果消费者选择侵权之诉，且将提供销售平台的网络公司一并列为被告，应当定性为产品责任纠纷，而不宜定性为生命权、身体权、健康权纠纷。产品责任纠纷适用无过错原则，生命权、身体权、健康权纠纷适用过错原则，适用无过错原则更有利于保护消费者的利益。

二、关于网购美容产品是否属于缺陷产品的认定

本案中，田某购买的激光家用洗眉淡斑电子美容仪，外包装上没有中文标识，也没有标注生产厂家、生产日期，合格证为空白，是俗称的“三无产品”。这种小型的激光产品属于含紫外线和红外线辐射皮肤器具的家用和类似用途电器，可以参考的国家标准是GB 4706.85—2008《家用和类似用途电器的安全 紫外线和红外线辐射皮肤器具的特殊要求》。该类产品应在产品上标示照射可能会对眼睛或皮肤产生损害、使用护目镜以及仔细阅读使用说明书的警告内容，在使用说明书中说明照射眼睛可能产生的危害以及预防措施。虽然案涉产品使用说明书载明要使用护目镜，但其警告程度不能达到上述国家标准要求的程度，不足以让消费者对不谨慎使用产品可能造成的危害产生足够的警觉和认知。案涉产品属于有特殊的性质和使用方法的产品，生产者未在包装上给予充分指示、说明和警告，因此可以认定案涉产品存在危及人身安全的不合理危险，属于缺陷产品。警示缺陷可以结合产品外观和国家标准直接予以认定，如果消费者主张产品存在设计或者制造缺陷，则可能需要通过司法鉴定予以认定。

三、网店的责任和网络平台的责任承担

根据《中华人民共和国民法典》第一千二百零二条的规定，因产品存在缺陷造成他人损害的，生产者应当承担侵权责任。一般来说，消费者直接向网店主张权利更为便利，网店则应当按照《中华人民共和国民法典》第一千二百零三条的规定对其销售的缺陷产品造成的损害后果承担赔偿责任。当网店无法说明生产厂家与进货渠道或缺陷由销售者造成时，终局责任由其承担；其他情况

下，网店在承担责任后可以向生产者追偿。产品责任适用无过错责任原则，消费者是否存在过错不是销售者承担侵权责任的构成要件。笔者认为，本案中，消费者购买的产品从外观上就可以判断属于“三无产品”，即在品质上没有保证的产品，该产品又带有激光装置，从一般人的认知上讲，应当谨慎使用。从田某自述的操作过程来看，明显其未尽到注意义务，应当认定为其存在重大过失，可以适当减轻销售者的侵权责任。虽然《中华人民共和国民法典》侵权责任编第四章产品责任中没有具体条文规定生产者、销售者不承担责任或减轻责任的情形，但本案中在消费者存在重大过失的情况下，适当减轻销售者的侵权责任，符合《中华人民共和国民法典》第一千一百六十六条关于无过错责任原则的立法本意。无过错责任原则并不是绝对责任，适当减轻销售者的侵权责任，既保护了消费者的权益，又能引导消费者理性消费，也符合人们对产品责任分配的合理期待与认知。

田某主张网络平台应当承担连带责任，而连带责任应当由法律规定。《中华人民共和国电子商务法》第三十八条规定：“电子商务平台经营者知道或者应当知道平台内经营者销售的商品或者提供的服务不符合保障人身、财产安全的要求，或者有其他侵害消费者合法权益行为，未采取必要措施的，依法与该平台内经营者承担连带责任。对关系消费者生命健康的商品或者服务，电子商务平台经营者对平台内经营者的资质资格未尽到审核义务，或者对消费者未尽到安全保障义务，造成消费者损害的，依法承担相应的责任。”本案中，网络公司在准许化妆品店进入销售平台时审核了其资质，对化妆品店超越经营范围销售化妆品外的缺陷产品不知情，在纠纷发生后，及时披露销售者信息，对案涉产品进行了下架处理。因此，当网络平台尽到资质资格审核义务，在事后采取必要补救措施，不应当承担赔偿责任。

编写人：湖北省荆州市中级人民法院　杨叶玲

15

产品存在缺陷，生产者和消费者可为共同被告，对外承担连带责任

——赖某等诉经营部等产品责任案

【案件基本信息】

1. 裁判书字号

福建省龙岩市中级人民法院（2022）闽08民终1033号民事判决书

2. 案由：产品责任纠纷

3. 当事人

原告（被上诉人）：赖某、吴某、陈某1、陈某2、陈某3、刘某

被告（上诉人）：经营部、机电公司、电机厂

【基本案情】

2021年3月17日，陈某某在被告经营部购买了一套推车式消毒清洗机。该推车式消毒清洗机外接电源线插头为两脚插头，装配有农用喷雾器水泵、双值电容异步电动机等。其中，双值电容异步电动机系被告机电公司、电机厂制造。2021年5月15日，陈某某在其经营的猪场中，使用上述设备对猪圈进行消毒时身亡。2021年6月6日，原告赖某委托某司法鉴定中心对陈某某进行尸表检验，分析死亡原因。2021年6月9日，公证处根据原告赖某的申请，对事故现场机器设备现状进行摄像保全证据。2021年7月2日，某司法鉴定中心出具了《鉴定意见书》，鉴定意见为“死者陈某某符合电击死亡。”2021年9月24日，司法鉴定中心出具《司法鉴定不予受理函》，不予受理陈某某死亡原因鉴定的主要理由是：“陈某某于2021年5月15日死亡至今时隔四个多月，时间

过长且中途6月6日解冻做尸表检验后二次冷冻，正常尸体体内会有腐败现象，根据我中心的能力，存在做不出死亡原因的风险。”2021 年 10 月 29 日起，检验认证公司对推车式消毒清洗机及双值电容异步电动机、外接电源线插头插座的质量和漏电原因进行鉴定。2022 年 1 月 24 日，检验认证公司作出《鉴定意见书》，鉴定意见为：“1. 涉案推车式消毒清洗机（电动打药机）上的双值电容异步电动机的外部电源接线并未与外部安全接地连接，不符合安全用电要求。2. 不排除涉案推车式消毒清洗机（电动打药机）供电电路缺失漏电保护装置或漏电保护装置故障的情况。3. 涉案推车式消毒清洗机（电动打药机）上的双值电容异步电动机存在电气绝缘、耐压击穿、绕组（阻）短路等质量问题和安全隐患。”

【案件焦点】

1. 涉案产品是否存在缺陷，与陈某某的死亡是否存在因果关系；2. 产品缺陷的赔偿主体如何界定。

【法院裁判要旨】

福建省长汀县人民法院经审理认为：涉案推车式消毒清洗机经鉴定，检验认证公司作出《鉴定意见书》，其鉴定意见可以说明“（一）双值电容异步电动机的外部电源接线未与外部安全接地连接……（三）双值电容异步电动机存在电气绝缘、耐压击穿、绕组（阻）短路等质量问题和安全隐患”。据此可以认定涉案推车式消毒清洗机存在质量问题和安全隐患及缺陷。而陈某某是在使用上述设备对猪圈进行消毒时身亡的，某司法鉴定中心通过检验陈某某的尸表作出《鉴定意见书》，其鉴定意见可以证明陈某某系电击死亡。因此，涉案产品存在的质量问题和安全隐患，与陈某某的死亡存在因果关系。在被告经营部向陈某某出具的购买凭证明确记载为电动打药机（推车式消毒清洗机）一套。涉案推车式消毒清洗机外接电源线插头为两脚插头，装配农用喷雾器水泵、双值电容异步电动机等，系组装设备。由于组装者组装时未考虑接地问题使用了两脚插头，也未采用其他方法将双值电容异步电动机的外部电源接线安全接地，而被告经营部提供的证据不能证明涉案推车式消毒清洗机系陈某某组装，被告经营者应当承担赔偿责任。由于被告机电公司、电机厂生产的涉案双值电容异步电动机存在电气绝缘、耐压击穿、绕组（阻）短路等质量问题和安全隐患，也应承担赔偿责任。因此，三被告应当承担连带赔偿责任。

福建省长汀县人民法院依照《中华人民共和国民法典》第一千一百六十五条、第一千一百六十八条、第一千一百七十三条、第一千一百七十九条、第一千一百八十一条、第一千一百八十三条、第一千二百零二条，《中华人民共和国产品质量法》第四十一条、第四十二条、第四十四条、第四十六条，《最高人民法院关于审理人身损害赔偿案件适用法律若干问题的解释》第十四条、第十五条、第十六条、第十七条、第二十三条，《最高人民法院关于确定民事侵权精神损害赔偿责任若干问题的解释》第五条之规定，判决如下：

被告经营部、机电公司、电机厂应于本判决生效之日起十日内，连带赔偿原告赖某等六人各项经济损失 957679 元。

被告经营部、机电公司、电机厂不服一审判决，提出上诉。福建省龙岩市中级人民法院经审理认为：本案鉴定意见足以证明案涉产品存在缺陷，陈某某符合电击死亡，二者存在因果关系。根据《中华人民共和国民法典》第一千二百零三条第一款规定，只要被侵权人选择任何一个责任主体，其都要承担全部责任。因此，从外部责任来看，其不可能是按份责任，而只能是连带责任。故，同意一审法院裁判意见。

【法官后语】

因产品存在缺陷造成他人损害的案件中，被侵权人受到损害可以向生产者请求赔偿，也可以向销售者请求赔偿。那被侵权人能否一并向生产者和销售者主张权利，二者承担何种责任呢？本案被侵权人可以向生产者和销售者一并主张权利，生产者和销售者对被侵权人承担不真正连带责任。主要理由有：

一、生产者和销售者为共同被告与产品责任制度的立法初衷相符

为了最大限度地保护被侵权人的利益，减少消费者和生产者、经营者的差距，实现二者的相对公平，产品责任应运而生。被侵权人对生产者、销售者的

赔偿能力不清楚，若按字义解释《中华人民共和国民法典》第一千二百零三条“被侵权人可以向产品的生产者请求赔偿，也可以向产品的销售者请求赔偿”择一起诉，不仅加大了被侵权人的选择负担，增添被侵权人的成本，而且会因其选择不当而失去获得填平损害的机会或者重复起诉造成司法资源浪费。故，产品责任纠纷，允许被侵权人同时向生产者和销售者主张权利，符合立法的宗旨与目的，充分保护了被侵权人的合法权益。

二、产品责任实行严格责任，生产者和销售者承担不真正连带责任

产品责任实行严格责任的归责原则，即产品责任的构成不考虑过错因素，只要产品存在缺陷即可构成侵权责任。产品具有缺陷是产品责任必须具备的构成要件。本案中，检验认证公司所作出《鉴定意见书》，足以证明案涉产品存在缺陷，经营部与机电公司、电机厂所提供的电动机产品合格检验报告只能证明产品符合国家有关法律法规、质量标准，未必说明该产品不存在不合理危险，并不能证明产品不存在缺陷。产品缺陷与陈某某死亡存在因果关系，生产者和销售者应当承担侵权责任。不真正连带责任与连带责任对外效力相同，对内根据过错划分责任范围。根据《中华人民共和国民法典》第一千二百零三条第一款规定，从外部责任来看，只要被侵权人选择任何一个责任主体，其都要承担全部责任，故生产者与销售者对外承担连带责任。根据前述法条第二款，销售者或者生产者对外赔偿后，有权向对方追偿，在保障被侵权人的合法权益下，亦同样保障了销售者或者生产者的权利，是程序法与实体法统一的体现。

三、被侵权人向生产者、销售者一并主张权利有利于保护被侵权人的民事诉权

当事人享有诉讼程序参与权和选择权。被侵权人因缺陷产品致害后，选择向生产者或销售者或向生产者和销售者提起诉讼系其对自我权益救济途径的选择，系其意思自治的体现。若限制被侵权人只能单一选择生产者或销售者提起诉讼，系变相限制其诉讼自由，侵犯被侵权人的诉权。另外，若被侵权人分别向生产者、销售者提起诉讼，因生产者、销售者一般分布不同区域，可能出现被侵权人重复主张权利，重复获得赔偿的情形，亦可能出现两地法院裁判不一

的情况。故，被侵权人向生产者、销售者一并主张权利，生产者与销售者承担不真正连带责任，便于厘清三者的关系，解决前述可能发生的矛盾。

编写人：福建省龙岩市长汀县人民法院 李丽红 梁承球

16

产品责任案件中生产者证明责任的分配

——高某诉烟花鞭炮公司等产品责任案

【案件基本信息】

1. 裁判书字号

湖北省荆州市中级人民法院（2022）鄂10民终1128号民事判决书

2. 案由：产品责任纠纷

3. 当事人

原告（被上诉人）：高某

被告（上诉人）：烟花鞭炮公司

被告（被上诉人）：杜甲、杜乙、薛某

【基本案情】

2021年3月25日9时许，杜甲、杜乙、薛某的父亲去世出殡，雇请他人为其燃放烟花鞭炮，在燃放烟花鞭炮公司生产的“开天雷”时，突然炸筒、散筒，礼花击中高某，造成其眼部流血不止，被当即送往卫生院救治，后转至A医院治疗，因伤势严重，当即被转至B医院，住院治疗至同年4月2日。因伤情变化，又于2021年5月31日入住B医院，行左眼球内容物剜出术，住院至同年6月8日，因眼部不适，又于2021年7月27日入住B医院至同年8月3日，高某受伤部位经鉴定为7级伤残。高某提出如下诉讼请求：杜甲、杜乙、薛某、烟花鞭炮公司共同赔偿其损失 422016.91 元。烟花鞭炮公司主张导致高某受伤的“开天雷”不是该公司生产，高某没有证据证明该公司系生产者，其不应承担赔偿责任。

【案件焦点】

烟花鞭炮公司应否向高某赔偿损失。

【法院裁判要旨】

湖北省监利市人民法院经审理认为：因产品存在缺陷造成他人损害的，生产者应当承担侵权责任。高某在尺八镇老堤村农科所旁的马路上行走是正常出行的行为，路遇杜甲、杜乙、薛某父亲去世出殡燃放烟花鞭炮，在燃放烟花鞭炮公司生产的“开天雷”鞭炮时突然炸筒、散筒，被鞭炮炸伤导致其左眼伤残。由于烟花鞭炮公司并未提供相应的证据证明该涉案鞭炮不是其公司生产的鞭炮，亦未提供充足的证据证明其产品不存在缺陷，故烟花鞭炮公司作为生产者应当承担高某全部的损失。至于杜甲、杜乙、薛某与烟花鞭炮公司之间是否存在其他的民事法律关系属另一法律关系，不属本案处理范畴。

湖北省监利市人民法院依照《中华人民共和国民法典》第一千一百六十六条、第一千一百七十九条、第一千二百零二条及《中华人民共和国民事诉讼法》第一百四十五条之规定，判决如下：

一、由烟花鞭炮公司于判决生效之日起十日内赔偿高某损失 402976.79 元；

二、驳回高某的其他诉讼请求。

烟花鞭炮公司不服一审判决，提出上诉。湖北省荆州市中级人民法院经审理认为：烟花鞭炮公司提交的烟花外包装没有生产日期及产品编号等信息，无法证实其与案涉烟花属同一批次产品，因此并不具备比对价值。案涉烟花外包装上标注的生产厂家及地址虽与该公司工商登记中的名称及住所地存在区别，但指向明确。且一审时烟花鞭炮公司认可案涉烟花商标系该公司所有，现其否认系案涉烟花的生产者，主张案涉烟花系假冒产品，但并未提供证据予以证明。其关于不是案涉烟花生产者的理由不能成立。

湖北省荆州市中级人民法院依照《中华人民共和国民事诉讼法》第一百七十七条第一款第一项之规定，作出如下判决：

驳回上诉，维持原判。

【法官后语】

产品责任是重要的侵权责任领域，与日常生活息息相关。在司法实践中，受害人或消费者提起产品责任诉讼，通常是通过产品外包装上印刷的生产厂商名称来确定生产者。本案例主要探讨产品责任案件中生产者证明责任的分配。

关于产品责任的法律规范，目前主要有《中华人民共和国民法典》侵权责任编第四章、《中华人民共和国产品质量法》《中华人民共和国消费者权益保护法》等。此前《中华人民共和国民法通则》中曾采用“产品制造者”的概念，上述现行法律规范则统一采用“生产者”的概念。但无论是《中华人民共和国民法通则》，还是《中华人民共和国民法典》对于“产品制造者”或“生产者”都没有明确界定内涵。《最高人民法院关于产品侵权案件的受害人能否以产品的商标所有人为被告提起民事诉讼的批复》中对“生产者”作出了进一步明确：任何将自己的姓名、名称、商标或者可资识别的其他标识体现在产品上，表示其为产品制造者的企业或个人，均属于《中华人民共和国民法典》和《中华人民共和国产品质量法》规定的“生产者”。

本案中，案涉烟花外包装上印刷的生产厂商名称虽与烟花鞭炮公司的登记名称不一致，但结合印刷的地址和商标等信息，受害人锁定了烟花鞭炮公司为生产者。烟花鞭炮公司则主张其不是案涉烟花的生产者，案涉烟花系假冒伪劣产品，应由使用者杜甲、杜乙、薛某举证真正的生产者。针对此种情形，对于生产者的认定应采用严格的态度，由被诉的生产者承担更重的证明责任，证明其不是真正的生产者。理由有三：其一，产品责任实行的是严格责任，无论有无过错，只要产品存在缺陷，即可构成侵权责任。对被诉的生产者课以严格的证明责任符合严格责任之原则。其二，《中华人民共和国产品质量法》第三条规定：“生产者、销售者应当建立健全内部产品质量管理制度，严格实施岗位质量规范、质量责任以及相应的考核办法。”生产者负有建立健全内部产品质量管理制度、严格管理产品、保证产品质量的义务，由生产者来证明案涉产品是假冒伪劣产品，亦符合生产者该项义务的范畴。其三，被诉的生产者作为在某一领域占有生产资料的主体，相比于受害人和消费者，占有更多的资源，享有更优势的主体地位，将证明责任分配给被诉的生产者更有利于平衡权利义务、查明案件事实。而受害人和消费者处于相对劣势的地位，不能过分苛责受害人和消费者承担举证真正生产者的责任。

编写人：湖北省荆州市中级人民法院　索翰明

17

烟花爆竹产品责任纠纷案件的赔偿责任认定

——江某某诉付某某、牟某某产品责任案

【案件基本信息】

1. 裁判书字号

四川省自贡市中级人民法院（2022）川03民终393号民事判决书

2. 案由：产品责任纠纷

3. 当事人

原告（上诉人）：江某某

被告（被上诉人）：付某某、牟某某

【基本案情】

2021年2月11日，江某某在付某某、牟某某经营的烟花爆竹销售点购买了包括“爆裂天空”烟花在内的烟花爆竹产品。付某某、牟某某经营的烟花爆竹销售点虽具有烟花爆竹经营零售许可资质，但其销售的“爆裂天空”烟花系从路边摊购买。晚饭饮酒后，江某某用香烟烟头点燃“爆裂天空”烟花，因烟

花四射导致其面部及眼球受伤。事发后，江某某于当晚在医院入院治疗，出院后经鉴定，江某某左眼球严重萎缩被评定为七级伤残，后续左眼义眼台成形术约需1万元，义眼安装约需3000元（义眼每8年更换一次）。江某某与付某某、牟某某经多次协商赔偿事宜未果，遂诉至法院。

【案件焦点】

江某某因燃放烟花造成自身损害应如何认定赔偿责任。

【法院裁判要旨】

四川省自贡市沿滩区人民法院经审理认为：付某某、牟某某举示了涉案同规格烟花属合格产品的证据，但无法举示该烟花的进货单和进货渠道，也与该烟花的生产商没有合作关系，无法排除该烟花在流通和销售管理中出现安全性能减损和缺陷，故付某某、牟某某在本案中存在一定的过错，酌定其承担10%的责任。江某某作为完全民事行为能力的成年人，应当知晓烟花爆竹产品的危险性，其未按烟花生产商明示的燃放要求，在饮酒后用香烟烟头点燃烟花进行燃放，由此造成了严重损害后果，故江某某自身具有极大过错，酌定其承担90%的责任。

四川省自贡市沿滩区人民法院判决：

一、付某某、牟某某于判决生效后十日内一次性支付江某某损害赔偿费56984元；

二、驳回江某某的其他诉讼请求。

江某某不服一审判决，提起上诉。四川省自贡市中级人民法院经审理认为：付某某、牟某某作为具有烟花爆竹经营零售许可资质的销售商，明知销售的烟花爆竹必须从具有资质的烟花爆竹批发企业进货的情况下，仍在路边摊购买烟花爆竹予以销售，违反了《烟花爆竹安全管理条例》的强制性规定。付某某、牟某某未通过合法渠道采购烟花，也不能提供证据证明肇事烟花质量合格，故应当承担举证不能的不利后果，推定肇事烟花存在缺陷。由于付某某、牟某某不能指明肇事烟花的生产者和供货者，其应当对肇事烟花造成江某某的损失承担赔偿责任。江某某作为具有完全民事行为能力的成年人，应当知晓燃放烟花爆竹具有一定危险性，其酒后燃放肇事烟花，对自身损害的发生具有一定过错，可以减轻付某某、牟某某的责任。江某某主张付某某、牟某某承担70%的赔偿责任，系其对权利的自愿处分，也与本案事实基本相符，可予以确认。一审判决划分责任比例明显不当，予以纠正。

四川省自贡市中级人民法院依照《最高人民法院关于适用〈中华人民共和国民法典〉时间效力的若干规定》第一条第一款，《中华人民共和国民法典》第一千一百六十六条、第一千一百七十三条、第一千一百七十九条、第一千一百八十三条、第一千一百八十七条，第一千二百零三条第一款，《中华人民共和国产品质量法》第四十二条第二款、第四十三条、第四十四条第一款，《烟花爆竹安全管理条例》第二十条第一款，《最高人民法院关于审理人身损害赔偿案件适用法律若干问题的解释》第六条、第七条、第八条、第九条、第十条、第十一条、第十二条、第十三条、第十六条、第十七条、第二十三条，《最高人民法院关于确定民事侵权精神损害赔偿责任若干问题的解释》第五条，《中华人民共和国民事诉讼法》第一百七十七条第一款第二项，《最高人民法院关于适用〈中华人民共和国民事诉讼法〉的解释》第九十条之规定，判决如下：

一、撤销四川省自贡市沿滩区人民法院（2021）川0311民初2091号民事判决；

二、付某某、牟某某于判决生效之日起十日内一次性支付江某某赔偿款398888.05元；

三、驳回江某某的其他诉讼请求。

【法官后语】

由于产品责任实行严格责任即无过错责任原则，消费者无须就侵权人主观上的故意或过失承担举证责任，仅初步举证证明产品在销售时存在质量缺陷即可，其举证责任只需达到一般人可推定产品缺陷的标准。消费者就产品缺陷承担举证责任，并不影响销售者就产品不存在缺陷承担举证责任，销售者应提供质量合格证明、进货凭证等证据充分证明其所销售的产品系质量合格商品。由于烟花爆竹本身具有危险性，且燃放后一般无法再确定其是否存在缺陷，为加强烟花爆竹安全管理，预防爆炸事故发生，保障公共安全和人身、财产安全，国家专门制定了《烟花爆竹安全管理条例》，对烟花爆竹的生产、经营、运输和燃放作了详细规定。根据《烟花爆竹安全管理条例》第二十条第一款规定："从事烟花爆竹批发的企业，应当向生产烟花爆竹的企业采购烟花爆竹，向从事烟花爆竹零售的经营者供应烟花爆竹。从事烟花爆竹零售的经营者，应当向从事烟花爆竹批发的企业采购烟花爆竹。"烟花爆竹等具有危险性商品的销售者，必须严格遵循相关行政法规的强制性规定，严格按照国家规定从事商品的采购、批发活动，从合法渠道采购商品进行售卖，当产品质量出现问题时才能追溯产品来源。本案中，江某某在燃放肇事烟花过程中被烟花所伤，而付某某、牟某某未通过合法渠道采购烟花，也不能提供肇事烟花质量合格的证据，据此可推定肇事烟花存在缺陷。

在产品侵权责任中，一般情况下销售者只有在具有过错的情况下，才需承担最终赔偿责任，但根据《中华人民共和国产品质量法》第四十二条第二款"销售者不能指明缺陷产品的生产者也不能指明缺陷产品的供货者的，销售者应当承担赔偿责任"的规定，无论销售者是否存在过错，如其无法指明缺陷产品的生产者及供货者的，销售者亦需承担相应的赔偿责任。一方面，由于产品从生产到消费使用，中间往往会经历一个购销的过程，销售者作为中间纽带将产品生产者和购买者联系起来。因此，销售者应当尽到一定的注意义务，至少应当明确产品的生产者或供货者，以使产品因存在缺陷造成他人损害时，受害者能够及时行使求偿权。如销售者不能提供缺陷产品的生产者或供货者，就应当为自己的疏忽或过错承担后果，对受害者承担侵权赔偿责任。另一方面，由于产品缺陷的受害者既可以向生产者主张赔偿，也可以向销售者主张赔偿，因此，受害者向销售者求偿，销售者承担赔偿后，如不能向产品的生产者或供货者追偿，也只能自行承担最终侵权责任。

维护消费者的合法人身、财产权益，是实现法律公平正义的内在要义和必然要求。缺陷商品不仅直接造成消费者财产损失，还可能威胁到消费者的身体健康及生命安全。因此，烟花爆竹等具有危险性产品的销售者，必须严格遵守相关法律法规的强制性规定，从合法渠道采购商品，倒逼生产企业严格把控产品质量，从而减少市场上的不合格产品及缺陷产品的出现，为消费者营造放心、舒心的良好消费环境。

编写人：四川省自贡市中级人民法院　张杰

18

现制现售食品无强制性规定适用预包装食品的标签规则，不适用预包装食品惩罚性赔偿相关规定

——程某诉肉制品公司产品责任案

【案件基本信息】

1. 裁判书字号

湖北省武汉市中级人民法院（2022）鄂01民终17005号民事判决书

2. 案由：产品责任纠纷

3. 当事人

原告（上诉人）：程某

被告（被上诉人）：肉制品公司

【基本案情】

被告法定代表人胡某某于2018年11月28日向国家知识产权局申请“胡某某”商标注册，核定适用商品包含加工过的肉、冷冻肉、小香肠、大香肠、肉块、腌制猪肉、屠宰过的家禽、冷藏猪肉片、带骨猪排、煎炸肉。2021年12月10日，原告的朋友佘某某在被告处购买现做香肠1份共6斤，付款241元。同日下午，原告通过微信向被告订购香肠30份共180斤，付款7100元。被告

应原告要求对上述产品进行简易塑封及礼盒包装。数量包装袋和礼盒上标明产品名为“胡某某手工香肠”，还标明了储藏方式、保质期、制作公司名称、地址、联系方式等。2021 年 12 月 11 日下午，原告在被告处取走订购的香肠 180 斤。后原告以购买的产品是“三无产品”要求被告赔偿，并于 2021 年 12 月 15 日向某区市场监督管理局进行投诉。某区市场监督管理局某市场至今未因此对被告作出行政处罚。原告以被告未在包装上标注生产日期及产品生产代号、生产许可证编号等，其生产、销售的食品不符合安全标准，严重损害消费者合法权益，对消费者的身体健康存在极大隐患为由提起诉讼，要求被告返还货款并支付十倍惩罚性赔偿金。

【案件焦点】

被告出售给原告的香肠是否违反食品安全规定而需对原告进行十倍惩罚性赔偿。

【法院裁判要旨】

湖北省武汉市硚口区人民法院经审理认为：根据《中华人民共和国食品安全法》第一百四十八条第二款、第一百五十条规定，十倍惩罚性赔偿须具备销售的食品不符合安全标准和消费者因食用该食品受到损害两个法定条件，且不属于“食品的标签、说明书存在不影响食品安全且不会对消费者造成误导的瑕疵”的情形。首先，原告购买的产品为被告手工制作的香肠，属于武汉市冬季节令性食品，原告所购香肠为现制现售，根据《中华人民共和国食品安全法》第六十七条、《食品安全国家标准预包装食品标签通则》第一条规定，现制现售食品非预包装食品，不适用预包装食品的标签规定。目前国家对现制现售食品并无相应强制性规定，上述规定可参照使用而非强制适用。原告认为被告销售的香肠为预包装食品，未标注生产日期、产品生产代号、生产许可证编号，不符合食品安全标准，故要求被告支付其十倍商品价款的赔偿，无法律依据。其次，原告现无证据证明案涉香肠存在实质上的食品安全问题。最后，据某市市场监督管理局回复某区市场监督管理局《关于现场制售香肠是否需要取得食品生产许可及有关法律适用问题的请示》的回函“食品现场制售不属于食品生产环节，无须申请办理食品生产许可证书”，故涉案产品不存在生产代号和许可编号，原告购买的香肠为现场制售，原告对生产日期明知，被告经原告要求对购买的香肠进行简易包装，原告购买的香肠仅存在标签上的瑕疵，不存在误导消费者的情形。综合上述理由，原告要求被告退货退款并对其进行十倍价款的赔偿无事实和法律依据，法院不予支持。

湖北省武汉市硚口区人民法院依照《中华人民共和国食品安全法》第一百四十八条第二款、《中华人民共和国民事诉讼法》第六十七条之规定，判决如下：

驳回原告程某的全部诉讼请求。

程某不服一审判决，提起上诉。湖北省武汉市中级人民法院同意一审法院裁判意见。

湖北省武汉市中级人民法院依照《中华人民共和国民事诉讼法》第一百七十七条第一款第一项的规定，判决如下：

驳回上诉，维持原判。

【法官后语】

司法实践中，消费者倾向因现制现售食品包装标签瑕疵问题而主张适用惩罚性赔偿。《中华人民共和国食品安全法》设置惩罚性赔偿机制的重要意义在于鼓励消费者积极利用法律维护自身权益，弥补公权力机关在食品卫生安全方面的监管不足，保障公众的身体健康市场秩序。但在处理食品消费纠纷时，法院应平衡保护消费者权益、保障商户正常生产经营活动与惩处违法行为之间的关系，从而保证食品安全、规范市场秩序，促进市场经济健康发展。

在适用食品安全领域的惩罚性赔偿规则时，食品性质的认定、食品外包装标签规则的适用是司法实务中的重要问题。根据《食品安全国家标准预包装食品标签通则》第一条规定，现制现售食品不适用预包装食品标签规则。《中华人民共和国食品安全法》第六十七条、第六十八条分别规定了预包装食品、散装食品的包装标签标明事项，对现制现售食品未作出强制性规定。手工制作香肠是武汉冬季节令性食品，制售方式为现场即时制作加工，属于现制现售食品，预包装食品、散装食品的标签规则仅供参考而非强制适用。

同时，根据《中华人民共和国食品安全法》第一百四十八条第二款的但书规定，惩罚性赔偿的适用排除“食品的标签、说明书存在不影响食品安全且不会对消费者造成误导的瑕疵”的情形。本案中，原告购买现场制售香肠，要求被告进行简易包装，包装标签上标明了储藏方式、保质期、制作公司名称、地址、联系方式等基本信息。某市市场监督管理局回复某区市场监督管理局《关于现场制售香肠是否需要取得食品生产许可及有关法律适用问题的请示》的回函中明确说明，由于现场制售食品不属于食品生产环节，无须办理食品生产许可证书，因此不存在可标注的生产代号与许可标号。此外，虽然外包装标签未标明生产日期，但是原告清楚所购香肠的制售流程，主观上明知案涉香肠的生产日期，被告制售香肠包装标签瑕疵不存在影响食品安全、误导消费者的情形，故涉案手工香肠无实质上的食品安全问题，原告要求适用惩罚性赔偿规则的主张无事实和法律依据。

经审判法院实地走访调查了解，被告肉制品公司系口碑良好、具有一定市场活力的商户，其依法办理《食品经营许可证》，手工制作现售香肠，依消费者要求进行简易包装，尽到合法经营义务。本案明确现场制售手工食品属于现制现售食品，并参考适用《中华人民共和国食品安全法》对预包装食品标签规则的相关规定，对现制现售食品标签瑕疵是否属于《中华人民共和国食品安全法》第一百四十八条第二款但书规定的情形进行了实质审查。本案在保障案件审理公平公正的基础上，避免滥用惩罚性赔偿制度增加经营者负累、僵化市场，进而引导消费者正确维权，推动形成有效健全的食品标签管理的内部控制机制，护航小微企业健康发展，赋能法治营商环境再优化。

编写人：湖北省武汉市硚口区人民法院　李晓丹

五、医疗损害责任纠纷

19

多年前手术纱布遗留腹腔，患者遗失就诊记录如何判定是否存在医疗关系

——陈某诉医务所医疗损害责任案

【案件基本信息】

1. 裁判书字号

广东省珠海市中级人民法院（2022）粤 04 民终 252 号民事判决书

2. 案由：医疗损害责任纠纷

3. 当事人

原告（上诉人）：陈某

被告：（被上诉人）：医务所

【基本案情】

陈某自述 2006 年 2 月在 A 保健院确诊为宫外孕，于次月在医务所行宫外孕手术，切除左侧输卵管，术后住院 5 天。术后一直觉得右腹部有一鼓起的包块。

2007 年 5 月，陈某在市妇幼保健院顺产一子，入院记录记载：“生育史：孕 4 产 1，末次分娩：1997 年 6 月 22 日顺产”，病历记载：“孕妇右中腹部偏上可见 10. 1×9. 3×5. 6 厘米囊性包块，周边及内部未见明显血流信号”“2006 年 3

月因‘宫外孕’切除右侧输卵管”及“孕妇右中腹部囊性包块，起源待查。”2020年12月14日，陈某因右中下腹部包块疼痛至B医院门诊就医，两天后至C医院住院实施腹腔肿物及部分肠切除手术。陈某在C医院的入院记录记载：“30年前因左侧下肢骨折行骨折手术，自诉2006年因‘宫外孕’在医务所行‘左侧输卵管切除术’。否认其他手术外伤史”“腹平坦，下腹部见陈旧性手术瘢痕……”该院手术记录记载：“1. 外科术中会诊，探查见子宫正常大小……左侧输卵管术后改变，伞端缺如，并与左侧输卵巢粘连于子宫后壁，右侧卵巢输卵管外观正常。”术后对切除的腹腔肿物及部分小肠进行送检，肿物中央见一灰黄灰褐破碎的纱布样物。陈某提起本诉，主张只在医务所做过涉及腹部的左侧卵巢切除术，腹部包块在术后一直伴随着陈某，要求医务所赔偿医疗费等各项损失。

陈某述称因时间久远，2006年至医务所手术的相关病历、票据均已遗失。陈某主张医务所为其实施手术的医生共两位，一位男医生是郑某，另一位女医生聊天时称其是郑某的老婆。医务所确认郑某曾在该所工作过，但称该所未做过宫外孕相关手术、不能住院、未保存2006年的病历档案、无法查到当年的妇科医生是谁等。陈某主张在医务所住院期间，其朋友曾前去探望，并申请三位证人出庭作证。一审庭审中，证人谢某述称听陈某出院后讲述其在医务所做了手术，但未到医院探望；术后没多久陈某就告知其腹部有包块，谢某还亲自摸过。证人廖某述称其妻与陈某是朋友，听妻子说陈某做了个手术并与妻子一起去医务所看望，但具体做了什么手术不清楚。证人文某述称陈某2006年在医务所做过宫外孕的手术，术后第二天文某曾去医院探望。

一审法院向市、区卫健局发出协助调查函，区卫健局复称已无法提供2006年备案的医务所医疗机构执业范围、年度变更注册及年度检验等相关情况，但医疗机构门诊病历的保存期不得少于十五年。二审陈某提交新证据显示：医务所2002年经市卫生局核准的诊疗科目无妇产科专业；2006年3月，医务所因接生小孩致婴儿臂丛神经麻醉，市卫生局于2006年5月分别对医务所负责人胡某及当事接生医生询问并制作笔录。2006年7月，市卫生局决定对医务所擅自开展终止妊娠术予以没收非法所得及罚款的行政处罚，同时责令立即停止终止妊娠术改正违法行为。

【案件焦点】

陈某与医务所之间是否存在医疗关系。

【法院裁判要旨】

广东省珠海市香洲区人民法院经审理认为：《中华人民共和国民事诉讼法》第六十四条第一款规定："当事人对自己提出的主张，有责任提供证据。"《最高人民法院关于审理医疗损害责任纠纷案件适用法律若干问题的解释》第四条第一款规定："患者依据侵权责任法第五十四条规定主张医疗机构承担赔偿责任的，应当提交到该医疗机构就诊、受到损害的证据。"本案中，陈某主张其于 2006 年曾在医务所处就医并进行手术，但未提供相关病历、票据等就医凭证予以佐证，仅提供了三名证人的证言作为证据，且根据证人陈述的内容可知，三名证人与陈某及陈某丈夫均为朋友关系，属于与陈某有利害关系的证人陈述的证言，故上述证言不能单独作为认定陈某曾在医务所处就医的相关事实。陈某提供的现有证据无法充分证实其在医务所处接受住院治疗的事实，医务所亦对此不予认可，陈某应当承担举证不能的不利后果。故，对于陈某的诉请，不予支持。

广东省珠海市香洲区人民法院依照《中华人民共和国民事诉讼法》第六十四条第一款，《最高人民法院关于审理医疗损害责任纠纷案件适用法律若干问题的解释》第四条第一款，《最高人民法院关于民事诉讼证据的若干规定》第九十条之规定，判决如下：

驳回陈某的全部诉讼请求。

陈某不服一审判决，提起上诉。广东省珠海市中级人民法院经审理认为：第一，陈某于 2007 年 5 月在三家不同医院就医时的病历均记载陈某右腹部存在囊性包块，该包块后经手术切除送检中央见灰黄灰褐破碎纱布样物，证明陈某腹腔中纱布在 2007 年 5 月之前即已存在。根据日常经验法则，人体腹腔中存在的较大块纱布除经开腹手术外并无其他途径可进入人体并留存10余年之久。第二，陈某两次分娩均为顺产，其于2020年12月在C医院的手术入院记录记载陈某下腹部见陈旧性手术瘢痕，在该院的手术记录记载陈某左侧输卵管存在术后改变，伞端缺如，证实陈某确实曾经做过切除左侧输卵管的手术。第三，陈某于2007年5月在A保健院及2020年12月在C医院的两次入院记录均记载陈某在尚未知晓其腹中遗留有纱布的情况下已自述2006年3月因“宫外孕”切除左侧输卵管，后者还明确记载系在医务所进行手术。陈某的主张与其在尚不知情其腹中遗留有纱布的情况下在三家不同医疗机构就医时病历记载的病况以及病史自述相符。第四，医务所在本案中一概否认该所可实施宫外孕相关需要麻醉的手术及可住院、无法查到2006年的妇科医生是谁、未保存2006年的病历等。但陈某本案二审提交的新证据却证明该医务所恰于陈某主张的手术时间2006年7月另因擅自开展终止妊娠术并致婴儿臂丛神经麻醉被市卫生局予以行政处罚，医务所在该时间段确实实施了超出其核准登记的诊疗科目范围的诊疗活动，且胡某自2002年起一直担任医务所负责人，与当事接生医生均接受了行政主管部门的调查询问，医务所在本案中的辩称与既往事实相矛盾。第五，结合本案三证人的证人证言，陈某在本案中提交的证据能够形成相互印证的完整证据链，已达到高度盖然性的民事诉讼证明标准，对于陈某关于2006年在医务所行左侧输卵管切除术时医生将纱布遗留其腹腔内的主张予以确认。

陈某在医务所行左侧输卵管切除术，医务所医生将纱布遗留陈某体内，属显而易见的过错，无须再由陈某进一步提供证明医务所存在过错的证据。根据《中华人民共和国侵权责任法》第五十四条“患者在诊疗活动中受到损害，医疗机构及其医务人员有过错的，由医疗机构承担赔偿责任”的规定，医务所因过错致纱布遗留在陈某腹腔内长达14余年之久，造成陈某腹腔粘连、机械性肠梗阻等损害，医务所对此应承担赔偿责任。陈某的医疗费、护理费、住院伙食补助费、交通费各项损失合计为55429.89元。

广东省珠海市中级人民法院依照《中华人民共和国侵权责任法》第十六条、第五十四条，《最高人民法院关于适用〈中华人民共和国民法典〉时间效力的若干规定》第一条，《中华人民共和国民事诉讼法》第一百七十七条第一款第二项规定，判决如下：

一、撤销广东省珠海市香洲区人民法院（2021）粤 0402 民初 8979 号民事判决；

二、医务所向陈某赔偿各项损失合计 55429.89 元；

三、驳回陈某的其他诉讼请求。

【法官后语】

本案系医疗损害赔偿纠纷。普通的医疗损害赔偿纠纷，医疗行为的损害后果往往于治疗当时或结束后即显现。本案特殊之处在于医疗机构医疗行为的损害后果 14 年后才被发现。14 年后，患者因腹部包块疼痛入院治疗，手术切除腹腔肿物及部分小肠送检后发现肿物中央为灰黄灰褐破碎的纱布，方得知腹腔内遗留有纱布。患者直指 14 年前实施输卵管切除术的医务所，但却因时间久远，未能保存当时的病历、票据等。就诊记录是证明医疗机构与患者之间存在医疗关系的最直接有力的证据，在缺乏此类证据的情况下，一边是医疗机构直接否认可实施该类手术、可住院，另一边是纱布遗留在腹腔多年造成患者腹腔粘连、机械性肠梗阻、小肠被切除 80 厘米等损害，法官应如何查明案件事实，探究真相？

《中华人民共和国侵权责任法》第五十四条关于医疗损害责任的归责原则和责任承担主体的规定现已被《中华人民共和国民法典》第一千二百一十八条"患者在诊疗活动中受到损害，医疗机构或者其医务人员有过错的，由医疗机构承担赔偿责任"的规定承继。《最高人民法院关于审理医疗损害责任纠纷案件适用法律若干问题的解释》第四条第一款规定："患者依据民法典第一千二百一十八条规定主张医疗机构承担赔偿责任的，应当提交到该医疗机构就诊、受到损害的证据。"因此，患者主张医疗机构承担赔偿责任，应首先举证证明与医疗机构存在医疗关系。

本案中，因患者遗失病历、票据等直接证据，要证明其曾在医务所做过手术是案件的难点。第一，人体腹腔中存在的较大块纱布除经开腹手术外并无其他途径可进入人体腹腔并留存10余年之久。故，首先可认定陈某腹腔中的纱布为开腹手术遗留物，问题则指向该纱布系何时何处何种手术所遗留。第二，如患者还曾做过其他开腹手术，除病历记录外亦会有可作为客观证据的其他众多检验检查结果：皮肤上会遗留手术疤痕、体内会留下操作痕迹等。故，本案患者体内遗留的纱布排除其他手术遗留的可能。第三，陈某在尚未知晓其腹中遗留有纱布的情况下，于2007年至2020年在三家不同医院就医时的病史自述、医院记载的病况和病历，与其在本案中的主张相符。第四，医务所在本案中一概否认该所可实施宫外孕相关需要麻醉的手术。但本案二审新证据却显示该医务所恰于陈某主张的时间段因另实施了超出其核准登记的诊疗科目范围的诊疗活动被市卫生局予以行政处罚，该医务所当时的负责人与当事妇科医生均分别接受了卫生行政主管部门的调查询问，而该负责人一直担任医务所的负责人至今。医务所在本案中的辩称与既往事实相矛盾。第五，结合本案三名证人的证言，陈某在本案中提交的证据能够形成相互印证的完整证据链，已达到高度盖然性的民事诉讼证明标准。故，对陈某关于其于2006年在医务所行左侧输卵管切除术时医生将纱布遗留其腹腔内的主张予以确认。

案涉手术发生在14年前，患者的病历和收据均已遗失，没有直接的证据证明患者曾在医务所实施过左侧输卵管切除术，只能依靠患者提交的其他间接证据判断是否达到高度盖然性证明标准，从而判断纱布是否为医务所手术时遗留在患者体内。患者因医务所的过错，承受了长达10余年的痛苦，如果仅因其无法提供病历等直接证据就驳回其诉讼请求，会造成患者的合法权益得不到救济，负有医疗事故责任的医务所逍遥法外的后果。在患者提交的证据能够形成相互印证的完整证据链，已达到高度盖然性的民事诉讼证明标准的情况下，特别是二审中调取的证据证明医务所同时期因“擅自开展终止妊娠术”被行政处罚，印证了患者主张的真实性。对于没有直接证据证明当事人主张的同类案件，不能一味否定证人证言及其他间接证据的证明效力，而应当通过全面、客观地审核证据，依照法律规定，运用逻辑推理和日常生活经验法则，发挥法官的主观能动作用，对证据有无证明力和证明力大小进行判断，形成内心确信。如果达到高度盖然性证明标准，对当事人的主张应予确认。如此既有效保护了患者的合法权益，又进一步推动了医护人员保持高度注意义务、医疗机构在诊疗环节严格落实查对制度，确保患者的手术安全。

编写人：广东省珠海市中级人民法院　郑伟民　曹阳春

20

采用电子病历时，医方伪造、篡改病历的审查与认定

——庞某、罗某某诉医院医疗损害责任案

【案件基本信息】

1. 裁判书字号

广西壮族自治区玉林市中级人民法院（2022）桂09民终2652号民事判决书

2. 案由：医疗损害责任纠纷

3. 当事人

原告（上诉人）：庞某、罗某某

被告（被上诉人）：医院

【基本案情】

庞某、罗某某的儿子庞某某于2018年8月7日因发热身体不适到医院急诊，后入医院儿科和重症加强护理病房进行治疗抢救，因病重经抢救无效死亡。医患双方共同委托尸体解剖，确定庞某某系心、肺、肾等器官感染致死。2018年12月，家属起诉医方并就医方是否存在医疗过错及因果关系等申请鉴定，但因患方对病历真实性存疑，一审法院以患方举证不能驳回患方起诉，患方上诉后被发回重审。重审期间患方申请对电子病历是否存在伪造、篡改进行鉴定。

经法院委托司法鉴定，鉴定意见主要为：医方电子病历没有归档功能，电子病历有详细的内容修改痕迹，未发现异常的新增记录、删除记录。涉案电子病历存在55处修改痕迹，包括主诉、症状、抢救记录、抢救用药名称及剂量、与患者家属沟通、转科交接记录、病情、死亡病例讨论记录等。本案的各项损失合计338553.43元。

【案件焦点】

医方是否存在伪造、篡改病历的行为。

【法院裁判要旨】

广西壮族自治区博白县人民法院经审理认为：医方的电子病历没有归档功能，但有详细的内容修改痕迹，且该电子病历的创建、修改等操作具有追溯能力，没有异常的新增记录、删除记录，患方未能提供证据证明该电子病历存在伪造、篡改，应承担举证不能的后果，同时，法院认为庞某某死因明确，患方亦没有证据证明医方存在过错。

广西壮族自治区博白县人民法院根据《中华人民共和国民事诉讼法》第六十七条第一款和《最高人民法院关于适用〈中华人民共和国民事诉讼法〉的解释》第九十条之规定，判决如下：

驳回庞某、罗某某的诉讼请求。

庞某、罗某某不服一审判决，提出上诉。广西壮族自治区玉林市中级人民法院经审理认为：经鉴定医院电子病历系统缺少归档功能，无法确保病历的完整性、真实性和客观性，违反了电子病历管理的最基本要求。庞某某的病历中存在55处修改痕迹，包括主诉、症状、抢救记录、抢救用药剂量、与患者家属沟通、转科交接记录、病情、死亡病例讨论记录等。医院在患者庞某某死亡一周后的2018年8月16日仍对死亡记录和死亡病例讨论记录进行修改，严重违反了病历书写的相关规定。尤其是在抢救过程中的病历记录中，对用药的名称、用药剂量都存在重大的修改。据此，可认定医院有伪造、篡改病历的行为，根据《中华人民共和国侵权责任法》第五十八条规定，推定医院在本案中存在医疗过错，其在诊治庞某某的过程中未尽到积极、审慎的注意义务，应对庞某某的死亡后果承担赔偿责任。另外，庞某某入院时病情已处于严重状态，是因包括其自身多种疾病在内的综合因素导致死亡。综合考虑本案医疗过错行为对于患者死亡的原因力大小、患者自身疾病情况，酌情确定医院对庞某某的死亡承担50%的民事赔偿责任。医院赔偿194276.72元（169276.72元+25000元）给庞某、罗某某。

广西壮族自治区玉林市中级人民法院依照《最高人民法院关于适用〈中华人民共和国民法典〉时间效力的若干规定》第一条第二款，《中华人民共和国侵权责任法》第六条、第十六条、第五十四条、第五十八条第三项，《最高人民法院关于确定民事侵权精神损害赔偿责任若干问题的解释》第十条第一款，《中华人民共和国民事诉讼法》第一百七十七条第一款第二项之规定，判决如下：

一、撤销广西壮族自治区博白县人民法院（2021）桂0923民初17号民事判决；

二、医院赔偿庞某、罗某某因庞某某死亡造成的死亡赔偿金、丧葬费、亲属处理丧葬事宜误工费、尸检费、医疗费、交通费、精神损害抚慰金合计194276.72元；

三、驳回庞某、罗某某的其他诉讼请求。

【法官后语】

医疗纠纷案件中造成患者损害结果的原因既高度专业又复杂，医方往往会以手术并发症、患者原发疾病等诸多理由抗辩，如无专业的鉴定意见，法官难以对案件的实质性争议进行深入审查。因此，该类案件的审理高度依赖专业的司法鉴定，而病历材料又是委托鉴定的基础，无病历材料则无法进行医疗过错鉴定，故病历材料对于医疗纠纷的审理至关重要。

委托鉴定前需要对送鉴的材料质证，该阶段患方基本上都会针对病历提出异议且不予认可，此时需要对异议的理由是否成立进行认定。针对该异议的审查，同样需要借助专业机构的意见，本案在审理过程中，也确实委托了机构就病历是否存在伪造、篡改的情形进行鉴定，但遗憾的是机构出具的意见并未直接解决该问题。为此，需要法院对病历材料是否存在伪造、篡改进行形式性和实质性审查，以确定能否适用法定的过错推定情形认定医方过错。

如今医院已经采用电子病历系统，区别于手写传统病历，根据《电子病历应用管理规范（试行）》的规定，并结合审判实践出现的情形，可将病历的修改划分为合理性修改和实质性修改，其中实质性修改包括伪造与篡改两种情形。

一、合理修改的认定标准

病历材料内容多，因此不能过分要求病历在形式上和内容上不能存在任何错误。对于未按照规定书写病历的行为，自然也不应一概推定医方存在伪造、篡改的情形。如仅是针对病历存在错别字，明显的时间错误（将入院时间的年份月份写错），以及药物名称使用不规范的缩写等属于因记录书写产生的错误，属于医务人员可以进行修改的合理范畴，该类型的改动不影响对病历材料真实性的认定。

二、实质性修改的认定标准

（一）伪造病历材料的认定标准

根据电子病历制作的特点，伪造病历材料主要表现为无中生有和虚构事实。前者如医方未履行某一行为，但通过提供不真实的材料意欲证明其实施了该行为，常见情形为手术知情同意书或药物使用皮试记录表中并无患者及家属的签名，但医方伪造了签名，意图捏造进行了告知或履行了药物使用皮试程序，擅自增加了病历内容。后者如护理记录单记载患者处于无意识状态，但同一时间段内的病程记录显示患者意识情形状态良好等情形。

（二）篡改病历材料的认定标准

篡改病历主要表现为对诊疗实质的关键内容进行增加或删除，如对主诉内容的症状和患者查体情况的基本描述，对诊断结论进行增补或删减，对检查项目和药物使用的剂量、方法、时间进行修改等，均构成实质性的修改。本案中，庞某某自入院至死亡不足24小时，但医方提交的病历材料共有55处修改，内容涵盖主诉、症状、抢救记录、抢救用药剂量、与患者家属沟通、转科交接记录、病情、死亡病例讨论记录等，且在抢救过程中的病历记录中，对用药的名称、用药剂量都存在重大的修改，而死者入院时为14个月的幼儿，本身对于用药的种类及剂量有着严格的规定，但医院对于关键性的记录存在诸多修改，构成篡改病历，并导致本案无法进行委托司法鉴定，故应推定医方存在过错。

编写人：广西壮族自治区玉林市中级人民法院　蒋慧

21

交通事故与医疗损害竞合，获得交通事故损害赔偿后，医疗机构赔偿责任应适用禁止得利原则

——王某2等诉甲医院医疗损害责任案

【案件基本信息】

1. 裁判书字号

山东省济南市中级人民法院（2022）鲁01民终5581号民事判决书

2. 案由：医疗损害责任纠纷

3. 当事人

原告（被上诉人）：王某2、孙某某、王某3

被告（上诉人）：甲医院

【基本案情】

2021年5月30日，高某某驾驶的普通客车与王某1驾驶的二轮摩托车发生碰撞，致使王某1受伤，当日王某1被送至甲医院治疗，后转入乙医院，于2021年6月5日被宣告死亡。事故认定书载明高某某、王某1承担事故同等责任。涉案客车在财产保险公司处投保交强险及商业三者险（限额为150万元）。王某2、孙某某、王某3系王某1的近亲属。王某2等人先以机动车交通事故责

任纠纷为由将高某某、财产保险公司起诉至济南市市中区人民法院，该院经审理于2022年3月19日作出（2022）鲁0103民初206号民事判决书，核算王某2等人的损失如下：医疗费124797.69元、住院伙食补助费600元、丧葬费45330元、死亡赔偿金（含被抚养人生活费）1106493.5元、精神损害抚慰金10000元、车辆损失15627.5元、鉴定费2000元、保全保险费500元，并按照事故责任比例（死者王某1自负50%的责任），判决财产保险公司在交强险各分项范围内赔偿王某2等人医疗费18000元、死亡赔偿金170000元、精神损害抚慰金10000元、车辆损失2000元，共计200000元；在商业三者险范围内赔偿王某2等人医疗费53398.85元、住院伙食补助费300元、丧葬费22665元、死亡赔偿金468246.75元、车辆损失6813.75元、鉴定费1000元，共计552424.35元；高某某赔偿王某2等人保全保险费250元；王某2等人返还高某某的垫付款54246元。后王某2等人以医疗损害责任纠纷为由将甲医院诉至本院，经一审法院委托，某司法鉴定中心出具鉴定意见书，载明：甲医院对王某1的诊疗行为存在医疗过错，医疗过错与王某1的死亡之间存在因果关系，原因力大小为同等因果关系。王某2等人起诉请求赔偿死亡赔偿金941320元、被扶养人生活费249169元、丧葬费45330.5元、医疗费117323.81元、住院伙食补助费700元、护理费1120元、交通费2000元；共计1356963元，甲医院承担50%赔偿责任为678481元；赔偿鉴定费19000元、精神损害抚慰金70000元；以上各项费用共计767481元。甲医院辩称，鉴定意见存有瑕疵，对此不予认可。

【案件焦点】

王某2等人在机动车交通事故责任案中获得人身损害应得部分赔偿后，又另行对甲医院提起诉讼，此种情形下甲医院赔偿责任的认定。

【法院裁判要旨】

山东省济南市槐荫区人民法院经审理认为：经某司法鉴定中心进行鉴定，甲医院在诊疗过程中存在过错，过错与患者死亡后果之间存在直接的因果关系，原因力大小为同等因果关系，甲医院虽对鉴定报告不予认可，但未申请鉴定人员出庭，亦未提交相反证据，故对其意见，一审法院不予采信。综上，根据甲医院过错程度，一审法院酌定甲医院的过错比例为 50%，其应承担相应的赔偿责任。王某 2、孙某某、王某 3 的各项损失如下：医疗费 110654.27 元、死亡赔偿金（含被抚养人生活费）1190489 元、丧葬费 45330 元、住院伙食补助费 700 元、鉴定费 19000 元、精神损害抚慰金 50000 元。

山东省济南市槐荫区人民法院依照《中华人民共和国民法典》第一百七十九条第八项、第一千二百一十八条，《中华人民共和国民事诉讼法》第六十七条、第六十八条之规定，判决如下：

一、甲医院于判决生效后十日内赔偿王某 2、孙某某、王某 3 死亡赔偿金（含被抚养人生活费）595244.5 元；

二、甲医院于上述期限内赔偿王某 2、孙某某、王某 3 丧葬费 22665.25 元；

三、甲医院于上述期限内赔偿王某 2、孙某某、王某 3 医疗费 55327.14 元；

四、甲医院于上述期限内赔偿王某 2、孙某某、王某 3 住院伙食补助费 350 元；

五、甲医院于上述期限内赔偿王某 2、孙某某、王某 3 鉴定费 19000 元；

六、甲医院于上述期限内赔偿王某 2、孙某某、王某 3 精神损害抚慰金 50000 元；

七、驳回王某 2、孙某某、王某 3 的其他诉讼请求。

甲医院不服一审判决，提起上诉。山东省济南市中级人民法院经审理认为：关于甲医院的民事赔偿责任比例，2021 年 5 月 30 日，王某 2 等人的近亲属王某 1 因交通事故受伤后至甲医院处治疗，后于 2021 年 6 月 5 日死亡。某司法鉴定中心出具的鉴定意见载明，甲医院对王某 1 的诊疗行为存在医疗过错，医疗过错与王某 1 的死亡之间存在因果关系，原因力大小为同等因果关系。涉案鉴定意见系经当事人申请、一审法院委托，程序合法，鉴定机构及鉴定人员均具有相应的资质和资格，一审法院予以采信并无不当。一审法院据此认定甲医院就王某 2 等人的各项合理损失承担 50%的赔偿责任亦无不当。涉案鉴定意见已考虑王某 1 车祸所致外伤的特点，故对于甲医院重新鉴定的申请，本院不予准许。

关于王某 2 等人主张的各项损失，因王某 2 等人已通过另案机动车交通事故责任纠纷（2022）鲁0103民初206号生效判决获得部分补偿，侵权责任的主要社会功能就是填补受害人遭受的损失，故本案中王某2等人主张的损失中应分情况进行处理：一方面，对于已在交通事故中主张的损失，扣除财产保险公司已赔付款项，由甲医院按50%的比例予以赔偿；另一方面，对于未在交通事故中主张的损失、本案中其他合理合法的损失，由甲医院按照50%的比例赔偿。一审法院直接认定甲医院对王某2等人的各项损失承担50%的赔偿责任不当，本院予以纠正。

本案中，王某2等人的各项损失为：医疗费110654.27元、死亡赔偿金（含被抚养人生活费）1190489元、丧葬费45330元、住院伙食补助费700元、鉴定费19000元、精神损害抚慰金50000元。

1. 医疗费、死亡赔偿金（含被抚养人生活费）、丧葬费、住院伙食补助费。在（2022）鲁0103民初206号机动车交通事故责任纠纷案件中，王某2、孙某某、王某3就上述赔偿项目已经获得赔偿732610.6元（18000+170000+53398.85+300元+22665+468246.75），故剩余部分为614562元［110654.27+1190489+45330+700）-732610.6］，甲医院根据民事赔偿责任比例还需赔偿307281元［614562×50%］。

2. 鉴定费。鉴定费系王某2等人确定甲医院诊疗行为是否具有过错的合理开支，故甲医院应按照民事赔偿责任比例赔偿9500元（19000×50%）。

3. 精神损害抚慰金。一审法院结合甲医院的过错情况，酌定甲医院赔偿精神损害抚慰金50000元，不违反法律规定，本院予以确认。

山东省济南市中级人民法院依照《中华人民共和国民事诉讼法》第二百一十一条第一款，《最高人民法院关于适用〈中华人民共和国民事诉讼法〉的解释》第三百九十三条第二款之规定，判决如下：

一、撤销山东省济南市槐荫区人民法院（2022）鲁0104民初899号民事判决第一项至第五项、第七项及诉讼费负担部分；

二、维持山东省济南市槐荫区人民法院（2022）鲁0104民初899号民事判决第六项；

三、甲医院于本判决生效之日起十日内赔偿王某2、孙某某、王某3死亡赔偿金（含被抚养人生活费）、丧葬费、医疗费、住院伙食补助费307281元；

四、甲医院于本判决生效之日起十日内赔偿王某2、孙某某、王某3鉴定费9500元；

五、驳回王某2、孙某某、王某3的其他诉讼请求。

【法官后语】

实践中，受害人发生交通事故受伤后，往往会被送至医疗机构治疗，随后受害人或其近亲属可能以肇事司机、保险公司及医疗机构等为被告，就其遭受的人身损害提起诉讼，当事人提起诉讼可能会出现以下几种情况：(1) 当事人先行以机动车交通事故责任案起诉，判决生效后，又提起医疗损害责任案；(2) 先行以医疗损害责任案起诉，后提起机动车交通事故案；(3) 当事人就两个侵权行为一并提起诉讼。在医疗机构的诊疗行为不具有过错的情况下，一般仅存在一种侵权行为，即肇事司机的侵权行为，受害人或其近亲属提起诉讼的先后顺序不影响侵权人承担赔偿责任。反之，在医疗机构的诊疗行为具有过错的情况下，一般存在两种侵权行为，即交通事故、医疗损害，上述行为造成受害人同一人身损害结果，这类案件受害人起诉的顺序，将影响当事人特别是赔偿义务人公正合理的赔偿。

在医疗机构具有过错的情况下，第二种起诉方式，因医疗机构的侵权责任已先行确认，肇事司机的赔偿责任可以在剩余责任范围内结合案件事实及各方当事人的过错程度予以确定；第三种起诉方式，法院一并处理纠纷，能够通过审理鉴定确认各方侵权主体的责任大小，从而准确认定侵权人应该承担的赔偿责任。本文主要讨论第一种起诉方式，在该起诉模式下，机动车交通事故案往往先行审结且裁判文书发生法律效力，此后医疗损害责任案如何认定医疗机构的赔偿责任，主要有以下两种观点：

第一种观点认为，机动车交通事故责任案和医疗损害责任案系不同法律关系，当事人在前案中已获得的赔偿，不影响医疗损害责任案中医疗机构赔偿责任的认定，故直接参照受害人交通事故受伤、甲医院机构诊疗行为与受害人人身损害结果之间因果关系及原因力大小的鉴定意见，确定医疗机构应该承担的民事赔偿责任。至于机动车交通事故案可能存在赔偿义务人超出自己赔偿范围的赔偿，可依法通过审判监督程序解决。

第二种观点认为，因当事人已通过机动车交通事故责任案的生效判决获得部分赔偿，侵权责任的主要社会功能就是填补受害人遭受的损失，故对于医疗损失责任纠纷案中当事人的损失应分情况进行处理：一方面，对于已在交通事故中主张的损失，扣除已赔付款项，由医疗机构按照责任比例赔偿；另一方面，对于未在交通事故中主张的损失、本案中其他合理合法的损失，直接由医疗机构按照责任比例赔偿。

笔者赞同第二种观点，主要基于以下理由：

一、符合侵权损害赔偿的原则。侵害人身权益的损害赔偿主要方式为金钱赔偿，侵权人需根据《中华人民共和国民法典》第一千一百七十九条的规定赔偿受害人或其近亲属各项合理损失，但损害赔偿的两项基本原则为完全赔偿及禁止得利，即通过侵权人承担相应的赔偿责任，使得被侵权人恢复到尚未遭受侵害时应处之状态，且受害人不能因损害赔偿而获得超过其损害的利益。因受害人已从机动车交通事故案件中获得部分赔偿，故对于已获赔偿部分，应相应地予以扣除，否则会产生两个侵权人的民事赔偿责任比例超过100%，受害人获得超额赔偿。

二、尊重生效判决的既判力。生效裁判文书系作为司法机关的人民法院通过法定程序审理后做出的文书，其终局性地确定了当事人之间的民事争议，对诉讼标的双方当事人及法院具有强制性的通用力，法院的后诉判决不能作出与前诉判决相反的判断。机动车交通事故责任案的民事判决书现已生效，且对侵权人及保险公司的民事赔偿责任进行认定，故在医疗损害责任纠纷案中应考虑前诉的判决内容，结合当事人的主张，综合认定赔偿责任范围。

三、顺应民事诉讼的价值追求。民事诉讼须符合公正和效率的原则，上述第一种观点会导致法院审判周期变长，当事人受伤后入院治疗，后续可能会出现无力支付医疗费等情况，若诉讼时间过长，受害人未能及时获得赔偿，延误治疗。案件进入再审增加了诉讼司法资源，同时改判前诉判决，亦会影响法院的公信力。另，在医疗损害责任纠纷案件中，在对医疗机构是否具有过错及原因力大小进行鉴定时已考虑交通事故致受害人受伤的情况后，故法院根据鉴定意见确定医疗机构的赔偿责任，并结合受害人应获得的赔偿总额，扣除已在交通事故案件中获得赔偿的部分，以此确定医疗机构的赔偿责任是正确的。

综上，受害人因交通事故受伤后被送至医疗机构治疗，先行以机动车交通事故责任纠纷诉至法院且已审结，后起诉医疗机构且在医疗机构具有过错的情况下，人民法院应先认定受害人应获得的赔偿总额，对于已在交通事故中主张的损失，扣除已赔付款项，由医疗机构按照责任比例赔偿；对于未在交通事故中主张的损失、本案中其他合理合法的损失，直接由医疗机构按照责任比例赔偿。另需注意的是，《民事案件案由规定》载明，同一诉讼中涉及两个以上的法律关系的，应当依当事人诉争的法律关系的性质确定案由，均为诉争法律关系的，则按诉争的两个以上法律关系确定并列的两个案由，故对于当事人不论是先行提起机动车交通事故责任案或医疗损害责任纠纷案，鉴于当事人不会主动告知法院其还存在其他侵权案件，为了避免司法资源浪费、提高诉讼效率及一次性审结纠纷，法院在审理这类案件时，应先向当事人询问是否存在其他侵权的事实及处理情况，在查明存在两个以上侵权行为时，可以向当事人释明，追加其他侵权人为被告一并进行审理，以便查明事实，维护当事人合法权益。

编写人：山东省济南市中级人民法院　吴松成　王峥荣

六、环境污染责任纠纷

22

电梯噪声污染造成他人损害，开发商应承担侵权责任

——马某1等诉房地产开发公司噪声污染责任案

【案件基本信息】

1. 裁判书字号

广东省江门市中级人民法院（2022）粤07民终4223号民事判决书

2. 案由：噪声污染责任纠纷

3. 当事人

原告（被上诉人）：马某1、李某某、马某2、马某3

被告（上诉人）：房地产开发公司

【基本案情】

房地产开发公司为案涉小区4幢楼宇所在小区的开发商，原告马某1于2018年3月3日向房地产开发公司购买上述楼宇的3102房，四原告于2019年8月31日入住该房屋。四原告入住后，因电梯噪声问题，曾向该小区的物业管理服务公司反映情况，但未果。

【案件焦点】

1. 小区电梯噪声排放是否超标应适用何种标准；2. 房地产开发公司应当承

担的民事责任。

【法院裁判要旨】

广东省江门市蓬江区人民法院经审理认为：根据鉴定机构对案涉房屋所在楼宇的电梯噪声进行质量鉴定的意见，参照适用《社会生活环境噪声排放标准》，可以认定本案电梯噪声排放超过限值标准。噪声污染确实会给居民的睡眠造成影响并由此影响生活、工作，房地产开发公司作为建设单位，应承担噪声污染的侵权责任。因此，房地产开发公司应在限期内采取相应的隔声降噪措施使电梯运行噪声排放限值符合《社会生活环境噪声排放标准》相关规定，并对噪声污染给四原告造成的精神损害、支出的噪声检测费用承担民事责任。

广东省江门市蓬江区人民法院依照《中华人民共和国民法典》第一千一百六十五条、第一千一百六十七条、第一千一百八十三条、第一千二百二十九条，《中华人民共和国民事诉讼法》第六十七条之规定，判决如下：

一、房地产开发公司应在本判决发生法律效力之日起六十日内对案涉小区4幢楼宇住宅电梯采取相应的隔声降噪措施，使电梯运行噪声排放限值符合《社会生活环境噪声排放标准》相关规定，逾期未达标准的，按每日100元对原告马某1、李某某、马某2、马某3进行补偿至符合《社会生活环境噪声排放标准》的相关规定标准之日止；

二、房地产开发公司应在本判决发生法律效力之日起十日内支付精神抚慰金8000元给原告马某1、李某某、马某2、马某3；

三、房地产开发公司应在本判决发生法律效力之日起十日内支付检测费1000元给原告马某1、李某某、马某2、马某3。

房地产开发公司不服一审判决，提起上诉。广东省江门市中级人民法院同意一审法院裁判意见，经审理认为：长期的噪声超标环境对于房屋居住人的正常生活及身心健康有较为严重的影响和较大的危害，是对其环境权益的损害，责任人的必要赔偿无须以造成实际的经济损失或者身体损害的严重后果为前提。上诉人房地产开发公司的上诉请求不能成立，一审判决认定事实清楚，适用法律正确，应予维持。

广东省江门市中级人民法院依照《中华人民共和国民事诉讼法》第一百七十七条第一款第一项的规定，判决如下：

驳回上诉，维持原判。

【法官后语】

购房者选购房屋时，除将房屋所在的外在环境、生活的便利条件、房屋的质量作为考量的因素外，往往也把房屋是否受到噪声影响考虑在内。本案为噪声污染责任纠纷，确定电梯的噪声适用标准是认定本案事实、区分当事人责任的前提。我国对于电梯噪声标准主要有三类：行业标准、建筑标准和环保标准。行业标准和建筑标准排放限值过高，明显不适用于生活起居中卧室（儿童房）这类噪音敏感建筑的要求。环保标准中，《社会生活环境排放标准》（GB 22337—2008）对噪声排放的声环境区分及排放限值做了更为详细的分类，规定了住宅等以睡眠为目的的A类建筑物的噪声排放限值为昼间不得高于40分贝，夜间不得高于30分贝。本案中，案涉居民住宅楼中的起居室属于噪声敏感建筑物，故参照此标准认定居民住宅楼内电梯噪声污染更为客观、合理。

对于房地产开发公司应当承担的民事责任问题。本案中，根据原、被告共同选定的噪声鉴定机构作出的《房屋室内电梯噪声质量鉴定报告》，案涉电梯的噪声已超过《社会生活环境排放标准》中对起居室要求标准的最大值，造成噪声污染，房地产开发公司由此应承担相应的民事侵权责任。由此依照《中华人民共和国民法典》第一千一百六十七条："侵权行为危及他人人身、财产安全的，被侵权人有权请求侵权人承担停止侵害、排除妨碍、消除危险等侵权责任"的规定，房地产开发公司应当在指定的期限内采取相应的隔声降噪措施，使电梯运行噪声排放限值符合《社会生活环境噪声排放标准》相关规定。另，为促使房地产开发公司尽快履行义务、化解矛盾，本案中判决如房地产开发公司未能在指定的时间内履行采取隔声降噪措施义务的，该公司应按日支付赔偿金给四原告。

本案的处理切实维护了人民群众的环境权益，提醒房地产开发商要关注噪声达标，自觉承担应有的环境保护社会责任，具有良好的警示意义。

编写人：广东省江门市蓬江区人民法院 张华理

七、饲养动物损害责任纠纷

23

饲养人与管理人分离情况下饲养动物致人损害的责任承担

——陶甲等诉曾某等饲养动物损害责任案

【案件基本信息】

1. 裁判书字号

上海市第二中级人民法院（2022）沪02民终4996号民事判决书

2. 案由：饲养动物损害责任纠纷

3. 当事人

原告（被上诉人）：陶甲、陶乙、高某某、陶丙

被告（上诉人）：曾某、周某某、傅某某

【基本案情】

2020年，被告曾某救助了一只重60斤左右的白色萨摩耶，并为其注射过两针疫苗，但未办理养犬登记证。2021年2月，曾某将萨摩耶交由领养人金姐收养。因金姐没有时间陪伴萨摩耶，2021年3月2日曾某就将萨摩耶领回，并在当晚将萨摩耶送至周某某处，周某某让傅某某帮忙照顾，二人无雇佣或劳动关系。4月4日15时许，被害人陶某某从村委老年活动室出来准备过马路时，傅某某牵狗经过，狗突然抬起前爪前扑，陶某某受惊吓后仰倒在地，被送往青

浦中山医院抢救，住院21天后死亡。陶某某的近亲属为四原告。

陶甲、陶乙、高某某、陶丙认为：曾某作为饲养人，无证饲养犬只；周某某受曾某委托对犬只进行管理且提供居所；傅某某又受周某某的委托对犬只进行日常管理，故三人均应对陶某某的死亡承担责任，要求三被告共同赔偿原告各项损失人民币共计577342.50元。

【案件焦点】

1. 赔偿责任主体（饲养人与管理人的认定）及赔偿责任比例（连带责任或按份责任）；2. 特殊体质是否属于减轻责任事由。

【法院裁判要旨】

上海市青浦区人民法院经审理后认为：本案的争议焦点有三。第一，关于三被告与萨摩耶的关系。曾某称其是将萨摩耶交由周某某收养，而后由周某某和傅某某共同管理。周某某和傅某某称曾某系萨摩耶的饲养人，交由周某某代养，周某某又委托傅某某帮忙照顾。当事人围绕各自的主张提供了证据，曾某与周某某的聊天记录显示，3月2日萨摩耶送至周某某处后，周某某让傅某某帮忙交接。3月6日周某某就发消息称有人想要领养，询问曾某的意见，且之后曾某多次提到在为萨摩耶寻找领养人。3月22日下午周某某让曾某把狗带走，曾某回复本来周末要来看望小狗，还买了狗粮。4月1日下午曾某称这个月来看一下，有个意向的领养人在审核。事发当天15点24分，周某某给曾某发消息问领养人找好了没有，称狗闯祸了。不久曾某回复正在审核领养人，在办狗证，之后说第二天来接狗。4月5日上午曾某将狗接走。从聊天记录可知，萨摩耶送至周某某处后，周某某一直就萨摩耶的问题与曾某联系，曾某也一直为其寻找领养人，故无法证明萨摩耶是交由周某某领养，本院对曾某的主张不予采信，本院认定曾某为饲养人。经周某某同意，曾某将萨摩耶交由周某某代管，且由周某某提供住所等，与萨摩耶相关的问题也由周某某向曾某反馈，故本院认定周某某为管理人，傅某某系受周某某委托照顾萨摩耶。

第二，关于原告的损失范围。被告称陶某某系因肺炎去世，故被告仅对治疗脑部损失的医疗费予以认可，认为萨摩耶并未与陶某某产生肢体接触，与陶某某的死亡之间无因果关系。本院认为，根据现场的视频显示，陶某某在正常行走的过程中，傅某某牵引的无证萨摩耶突然站起前扑，距离陶某某较近，陶某某因受惊吓当场倒地，陶某某对自身损害发生并不存在过错，故侵权人应承担全部赔偿责任。至于陶某某死亡的原因是脑部损伤还是重症肺炎，根据出院小结显示，陶某某入院不久就转入重症监护室，4 月 10 日即告病危，后合并多脏器功能衰竭后死亡，被告称摔倒与死亡之间无因果关系，但并未举证，本院不予采信。经计算，原告损失共计 562861. 23 元。

第三，本案的责任承担。根据法律规定，饲养的动物造成他人损害的，动物饲养人或者管理人应当承担侵权责任。本案中，原告要求三被告共同承担赔偿责任。根据庭审查明的事实，曾某作为动物的饲养人，无证饲养犬只，该萨摩耶造成陶某某损害，曾某作为饲养人应当承担赔偿责任。周某某受曾某委托管理犬只，虽该犬不由其实际照管，但犬只的居住场所等均由周某某提供，犬只的管理事宜亦由周某某与曾某微信沟通，故其作为管理人也应承担责任。傅某某受周某某委托照顾犬只，日常饲养由其负责，且事发时由傅某某牵引犬只。综合考虑，对原告的损失，本院酌定曾某、周某某、傅某某各承担 50%、30%、20%的赔偿责任，在计算曾某的赔偿金额时应扣除其已支付的 1 万元。

本院认为，饲养的动物造成他人损害的，动物饲养人或者管理人应当承担侵权责任。曾某将其饲养的无证流浪狗交由周某某代管，周某某又委托傅某某帮忙照顾，陶某某因受该犬惊吓倒地，住院二十余天后经抢救无效死亡，三被告应承担赔偿责任。

上海市青浦区人民法院依照《最高人民法院关于适用〈中华人民共和国民法典〉时间效力的若干规定》第一条第一款，《中华人民共和国民法典》第一千一百七十九条、第一千一百八十一条、第一千一百八十三条、第一千二百四十五条，《中华人民共和国侵权责任法》第十六条、第十八条，《最高人民法院关于确定民事侵权精神损害赔偿责任若干问题的解释》第一条，《中华人民共和国民事诉讼法》第一百四十七条之规定，判决如下：

一、被告曾某应于本判决生效之日起十日内赔偿原告高某某、陶甲、陶乙、陶丙损失 271430.62 元；

二、被告周某某应于本判决生效之日起十日内赔偿原告高某某、陶甲、陶乙、陶丙损失 168858.37 元；

三、被告傅某某应于本判决生效之日起十日内赔偿原告高某某、陶甲、陶乙、陶丙损失 112572.24 元。

曾某、周某某、傅某某不服原审判决，提起上诉。上海市第二中级人员法院审理后认为：一审查明事实无误，本院予以确认。本案的争议焦点之一是赔偿责任主体及赔偿责任比例。根据《中华人民共和国民法典》规定，饲养的动物造成他人损害的，动物饲养人或者管理人应当承担侵权责任。本院认为，一审法院根据各方诉辩意见、在案证据以及本案的实际情况，分别认定曾某为涉案犬只的饲养人，周某某为管理人，傅某某系受周某某委托照管涉案犬只。二审审理中，曾某认为周某某系领养人，傅某某是实际饲养人、管理人，但曾某对该主张未提供充分证据证明，且与一审法院查明的案件事实不符，本院对其主张不予采纳。周某某认为其非管理人的主张，也与事实不符，本院不予采信。一审法院对各方法律关系的上述认定，事实清楚，适用法律正确，本院予以认同。本院认为，基于上述法律关系的认定，结合各行为人对涉案犬只控制、管理的实际情况以及过错大小，一审法院认定的赔偿责任比例，合理妥当，本院予以认同。本案的争议焦点之二是赔偿范围。周某某、付某某均认为应考虑受害者基础疾病以及存在的因果关系问题，据此要求减轻赔偿责任。本院认为，周某某、傅某某对其上述主张并未提供证据证明，且受害人因本案上诉人的侵权行为而倒地受到伤害，无证据表明受害人自身体质问题应当作为减轻侵权人责任的依据，本院对上诉人的该项辩解意见不予采纳。综上所述，三上诉人的上诉请求均不能成立，应予驳回；一审判决并无不当，应予维持。

上海市第二中级人员法院依照《中华人民共和国民事诉讼法》第一百七十七条第一款第一项之规定，判决如下：

驳回上诉，维持原判。

【法官后语】

本案是一起典型的饲养人、管理人与直接照管人三者分离情况下责任主体及责任比例如何认定的典型案例。对饲养动物损害赔偿责任，法律只规定由饲养人或管理人承担责任，但没有规定二者承担责任的方式。本案例通过对相关概念的厘清、承担责任的基础以及共同责任的探讨，确定饲养人、管理人及直接照管人应承担按份责任。受害人的特殊体质不应作为减轻饲养人或管理人责任的事由。

一、饲养动物损害责任相关概念的厘清

饲养动物损害责任规定在《中华人民共和国民法典》（以下简称《民法典》）第七编第九章，共7个条文。其中第一千二百四十五条是一般规定，明确了饲养动物损害责任的无过错责任原则，规定了侵权人的免责或减轻责任事由。

“饲养的动物”是指由饲养人为其提供一定的饮食和住所并能够对其进行控制的动物，包括家养的、宠物店饲养的、动物园饲养的等。与之相对的是“野生动物”“流浪动物”，对于有人投喂，但没有为其提供住所，且未形成稳定的饲养关系的动物，不能认定为饲养的动物。

“饲养人”在中文语境中是喂养人的意思，其表面含义是给动物提供饮食、住所的人，但“饲养人”的法律含义却远非如此，其立法原意应是直接或间接控制着动物的所有权人。

“管理人”是指依据一定的法律关系对动物实际管理控制的人，其法律关系可分为租赁关系、借用关系、保管关系、委托关系等，既可以是有偿的，也可以是无偿的。饲养人的地位和权限大于管理人，当饲养人与管理人为同一人时，认定为饲养人更加合理，无须评价为管理人。当所有权人通过一定的法律关系间接占有动物，而动物由他人直接占有控制时，动物的所有权人应认定为饲养人，直接占有人应认定为管理人。

“救助人”不是法律上的概念，其一般是指对流浪动物进行救助的爱心人士，其救助了动物后可以交由相关机构，也可以自己领养或交由他人领养。

本案中，萨摩耶原本是一只流浪狗，是无主物，不属于饲养的动物。曾某作为救助人，为萨摩耶提供了住所和饮食，曾某基于先占取得了动物的所有权，已经转化为萨摩耶的饲养人。曾某将萨摩耶交由金姐饲养时，所有权关系发生变动，但曾某将萨摩耶领回后又恢复了饲养人的身份。之后曾某委托周某某代养，周某某是萨摩耶的管理人，为萨摩耶提供饮食和住所，相关事宜也是周某某与曾某联系。傅某某与周某某是朋友关系，平时由傅某某直接照顾萨摩耶，帮忙喂食和遛狗，傅某某是直接照管人。

二、饲养动物损害责任的责任主体及责任划分

动物致害责任与一般的侵权行为不同，导致损害的行为不是“人”的有意识的身体动静，而是动物基于固有的危险性实施的行为，但动物本身无财产也无法承担责任，因此基于一定的牵连关系，法律规定饲养动物损害责任的侵权责任主体是饲养人或管理人。但二者承担责任的方式如何，法律没有明确或细化的规定，饲养人和管理人是单独承担责任还是共同承担责任？如果共同承担责任是承担连带责任、按份责任抑或不真正连带责任？

（一）饲养人或管理人承担责任需考虑利益归属和风险控制因素

杨立新教授采用保有人的方法进行解释，即饲养人和管理人都是保有人。将饲养人解释为所有人，将管理人解释为负有管理职责的其他动物保有人，在法律适用上更为明确，更为便捷。[①] 对于饲养动物损害责任的承担主体主要应考虑谁享有该动物带来的利益（包括物质利益和精神利益），谁最有可能控制动物危险以防止损害的发生。

饲养人作为动物的所有权人，是动物所带来的物质利益和精神利益的享有者，其基于所有权应该对动物导致的损害负责；因动物本身就有一定的危险性，饲养人是引起危险发生的人，饲养人从决定饲养动物时起就开启了一定的危险。管理人基于一定的法律关系也可能享有动物带来的利益，亲自饲养动物的饲养人以及管理人对该动物危险负有监督性的作为义务，其最有可能控制风险，如果不能防范和避免损害的发生，应该承担的是不作为的侵权责任。

---

① 杨立新：《饲养动物损害责任一般条款的理解与适用》，载《法学》2013年第7期。

（二）饲养人与管理人承担单独责任或共同责任的划分

本案中，原告要求三被告共同承担责任，但经法院释明后仍未明确承担责任的类型或法律依据。三被告应该承担的是单独责任抑或共同责任？单独责任有其成立的空间，当仅存在饲养人时，由饲养人承担单独责任是毋庸置疑的。当饲养人与管理人分离时，也存在单独承担责任的可能，一般情况下，饲养人是动物致害的第一责任人，除非其能证明将动物的利益转移给他人享有，并由他人控制支配动物，此时可能由管理人承担责任，但饲养人能否据此免责，还要看其脱离程度。例如，甲将自家的耕牛借给乙耕地，在乙使用期间因为没有拴牢，绳子脱落致使牛将邻居的财物损害。由于事故发生前后，乙是耕牛的利益享有者和管理控制人，最有可能控制风险，且确实因为其属于管理导致损害的发生，因此应由管理人乙单独承担责任。

共同责任并不是与连带责任、按份责任对应的关系，而是二者的上位概念。民事责任根据责任主体人数的多寡，分为单独责任和共同责任，共同责任根据二人以上承担责任方式的不同又分为连带责任、按份责任和不真正连带责任。很多侵权案件中，当事人往往将与案件有关的所有人都诉至法院，不管请求权基础为何，均要求数名被告共同承担责任，这确实提高了诉讼效率，避免遗漏当事人，但却增加了法院的审查难度，对法官工作提出了更高的要求，法院判决时需明确被告承担的是按份责任、连带责任还是补充责任。当然，在有些情况下，表述为共同责任也是可行的，如夫妻共同或家庭共有的动物致人损害可以表述为共有人共同承担责任，此外都需要明确责任类型。

（三）饲养人和管理人应按照对损害后果的原因力大小承担按份责任

有观点认为《民法典》第一千二百四十五条规定的侵权责任承担主体是动物饲养人“或者”管理人，也就是对外责任的承担只能二者选其一，要么饲养人承担责任，要么管理人承担责任。这种想法过于片面，法律中的“和”是缺一不可的关系，“或者”是二者之一或二者共同的意思。因此从文义解释的角度，不排除饲养人和管理人共同承担责任的可能性，也正因为该条款没有规定责任类型，使得不同情形下饲养动物责任的认定有了灵活的空间，有利于法官根据不同的情形，作出相应的判断。

关于连带责任，连带责任需要法律的明文规定，在侵权法领域，《民法典》侵权责任编一般规定中共有四个条文规定了连带责任，分别是第一千一百六十八条的共同侵权的连带责任、第一千一百六十九条教唆、帮助他人侵权的连带责任、第一千一百七十条的共同危险行为人不能确定具体侵权人时的连带责任、第一千一百七十一条的分别实施充足原因行为的连带责任。其余承担连带责任的侵权行为需要在特殊侵权类型中明确规定，本案中只有一个动物致害，且饲养人与管理人不存在特殊关系，也没有意思联络，不存在共同侵权的可能，因此本案中三被告不能承担连带责任。

关于不真正连带责任，《民法典》侵权责任编一般条款中没有关于不真正连带责任的规定，在特殊侵权中的不真正连带责任的条文具有两大特征：一是都使用了“可以向……请求赔偿，也可以向……请求赔偿”的表述，如产品责任，可以向生产者请求赔偿，也可以向销售者请求赔偿；二是都存在最终的责任人，非终局责任人只承担垫付责任，其承担责任后可以向最终承担责任者追偿，这有利于对受害人的保护。饲养动物致人损害中，根据《民法典》第一千二百五十条的规定，如果损害系第三人的原因造成的，第三人的责任与动物饲养人或管理人的责任构成不真正连带责任①，第三人是终局的责任人。本案中饲养动物致人损害不是第三人造成的，适用的法条为《民法典》第一千二百四十五条，该法条表述与不真正连带责任不同，且难以判定谁应该承担终局的责任，各被告不应该承担不真正连带责任。

关于按份责任，《民法典》第一百七十七条规定了按份责任的承担方式：“二人以上依法承担按份责任，能够确定责任大小的，各自承担相应的责任；难以确定责任大小的，平均承担责任。”

第一，从法条规定来看，本案符合分别侵权按份责任的规定。《民法典》侵权责任编第一千一百七十二条规定了二人以上分别实施侵权行为造成同一损

---

① 贺光辉：《〈民法典〉侵权责任编中的“相应的责任”——以〈民法典〉第1169条为例》，载《湖南人文科技学院学报》2021年1月14日。

害的按份责任。本案中，曾某是通过救助动物成为动物的饲养人，其爱心行为是值得肯定的。作为饲养人曾某虽然没有获得物质利益但却从中获得了精神利益，其作为所有权人，应该对动物的行为负责。在其将动物委托周某某照顾时就将部分支配控制的权利转移给周某某，曾某每个星期都带食物来探望，一直关心着萨摩耶的状况，并试图给萨摩耶寻找新的领养人，可见曾某并没有完全脱离对萨摩耶的管理，因此其对萨摩耶造成的损害应该承担部分责任。周某某只是受委托且无偿管理动物，没有获得物质利益，且周某某无暇自己管理，并与曾某协商为狗找领养人的事宜，可见周某某并没有长期养狗的意愿，不能证明狗给周某某带来精神利益。周某某受曾某委托为萨摩耶提供住所和食物，并对萨摩耶进行管理，周某某作为管理人负有监管动物的职责，其直接控制支配动物，也最有可能防范和控制风险，应该承担部分责任。傅某某受周某某委托帮忙喂狗和遛狗，并没有从中获益，但傅某某最直接支配控制萨摩耶，却因没有控制住，导致萨摩耶前扑致他人摔倒，其对事故的发生具有过错，也应该承担部分责任。

第二，从因果关系角度分析，本案应该属于共同因果关系，应适用按份责任。共同性因果关系是指两个或者两个以上的原因相互结合而导致了结果的发生，但是其中任何一个原因都不足以造成这种结果。根据《最高人民法院关于审理人身损害赔偿案件适用法律若干问题的解释》第三条第二款规定："二人以上没有共同故意或者共同过失，但其分别实施的数个行为间接结合发生同一损害后果的，应当根据过失大小或者原因力比例各自承担相应的赔偿责任。"本案三被告主观上并无侵权故意，亦无共同过失，三人的侵权行为并不在同一时空条件下发生，具有相互继起、各自独立，但互为中介的特征，符合无意思联络数人侵权的法律规定，三人应该按照各自对结果发生的原因力大小，依法应当承担按份责任。

第三，从社会主义核心价值观和从公平原则出发，三被告承担按份责任符合公平理念。民事主体从事民事活动，应当遵循公平原则，合理地确定各方的权利义务，并依法承担相应的责任。公平原则不仅是民事主体进行民事活动要遵循的，也是人民法院裁判案件要遵循的原则，公平原则亦是检验一个裁判是否正当的标准之一。本案中曾某通过救助萨摩耶成为饲养人，其不但没有获得物质利益，反而付出了很多成本，周某某和傅某某虽是管理人，但都是无偿的，没有从中获得利益，如果由任何一方单独承担责任或承担终局责任，都有违公平原则，不符合公平、和谐的社会主义核心价值观，本案根据三被告的过错程度和对结果的原因力大小让三被告承担按份责任，更加符合公平原则和社会主义核心价值观。

三、赔偿范围的确认——被害人特殊体质能否作为减轻责任的事由

无过错责任的侵权责任也可以适用过失相抵。《民法典》之前，侵权责任法规定受害人“也有过错”的过失相抵，从文义解释角度需侵权人有过错，无过错责任能否适用过失相抵尚存在争议，但民法典改变了这一表述，使得这一争议得以解决。在无过错责任下，为了救济被害人，减轻其证明责任，不需要证明侵权人的过错，但在划分责任比例时，仍要考虑双方过错程度和对损害发生的原因力大小。

本案中三被告均抗辩被害人年老、本身有多种疾病，要求减轻侵权人的责任。被害人的特殊体质对侵权责任的影响一般可从两个角度加以阐释：一是从受害人过错的角度；二是从因果关系的角度。

从受害人过错角度分析，特殊体质虽然对结果的发生产生一定影响，但特殊体质属于被害人本身的特性，是客观存在的，与主观上的故意和过失无关，不能归责于被害人。因此，特殊体质不属于被害人过错，不能适用过失相抵规则，对于饲养动物致人损害责任自然也不能适用第一千二百四十五条的被害人故意或重大过失的抗辩事由。

从因果关系的角度分析，我国主流观点采用相当因果关系说，如果侵权行为轻微，被害人特殊体质对损害结果的发生起到了关键的作用，被害人特殊体质作为客观条件因素中断了侵权行为与结果的因果关系，此时特殊体质可作为减轻或免除责任的事由。但若特殊体质并不能中断侵权行与损害后果之间的因果关系，侵权行为直接导致损害结果的发生，或者即使将特殊体质作为介入因素，该介入因素也是由侵权行为诱发，被害人特殊体质不能作为减轻侵权责任

的事由。

本案中，从被害人是否有过错的角度分析，被害人是在正常行走过程中，并没有实施从事超出自身能力的危险行为，已经尽到对自己的注意义务，主观上没有过错。从责任成立的因果关系角度，傅某某牵引的萨摩耶体型较大，重约60斤，其向前扑向老人导致老人摔倒，这是本起事故发生的直接原因，虽然老人已经年过8旬，年老体弱，身体有一些基础疾病，但其身体的客观状况与摔倒受伤没有因果关系。从责任范围的因果关系角度，老人从受伤到死亡之间，即使特殊体质对死亡结果有一定的参与度，但该因素并不异常，且是侵权行为诱发疾病发作，特殊体质不能中断侵权行为对死亡结果之间的因果关系，且三被告的答辩也只是根据老人的年纪的主观臆测，并没有证据证明是老人的特殊体质导致的结果，故不应基于被害人的特殊体质减轻侵权人的责任。从可预见性的角度看，萨摩耶向前扑致老人后仰倒在地头部受伤，最终导致死亡结果，是社会一般理性人可以预见的，并不超出一般人的预测可能性。综上，本案中被害人的特殊体质不能作为减轻侵权人责任的法定事由。

编写人：上海市青浦区人民法院　王聪

24

动物饲养人违反管理规定造成他人损害的应当承担全部侵权责任

——郑某某诉潘某某饲养动物损害责任案

【案件基本信息】

1. 裁判书字号

福建省厦门市中级人民法院（2022）闽02民终2142号民事判决书

2. 案由：饲养动物损害责任纠纷

3. 当事人

原告（被上诉人）：郑某某

被告（上诉人）：潘某某

【基本案情】

2021年4月20日6点30分左右，原告郑某某在小区牵着小狗散步时，潘某某的宠物狗（未佩戴束犬链）突然向郑某某冲过来，并围着郑某某及其小狗近距离转圈，郑某某在挥舞手中木棍进行驱赶过程中，不慎跌倒在地导致受伤，并于当日被送往医院诊治，2021年4月23日经治疗好转出院，出院记录诊断为：1. 腰椎骨折（腰2）；2. 骨质疏松；3. 房性期前收缩［房性早搏］。2021年5月19日，医院出具住院疾病诊断证明书，医嘱建议休息三个月，加强营养，专人护理。2021年5月24日，原告前往医院复查。原告住院及复查共花费医疗费22623.34元。另，在本案审理过程中，本院依原告申请依法委托某司法鉴定所对原告伤残等级进行鉴定，经鉴定原告伤残等级评定为十级伤残。

【案件焦点】

潘某某是否应当承担全部侵权责任。

【法院裁判要旨】

福建省厦门市集美区人民法院经审理认为：本案系饲养动物损害责任纠纷。《中华人民共和国民法典》第一千二百四十六条的规定，违反管理规定，未对动物采取安全措施造成他人损害的，动物饲养人或者管理人应当承担侵权责任；但是，能够证明损害是因被侵权人故意造成的，可以减轻责任。《厦门经济特区养犬管理办法》第十七条规定，个人携带犬只到户外活动的，应佩束犬链并由成年人牵领、看管，约束犬只不得惊吓、伤害他人。通过事发现场的监控视频可以看出，潘某某的宠物狗体型较大，冲向郑某某时未佩戴束犬链，郑某某受到惊吓挥舞木棍驱赶符合常理，并非故意挑逗该宠物狗。潘某某作为宠物狗的管理人，违反管理规定未对宠物狗采取必要安全措施，导致宠物狗脱离控制冲向原告，致使原告不慎跌倒受伤，潘某某应对郑某某的损失承担全部责任。潘某某不能举证证明损害是因郑某某故意造成的，不能减轻潘某某的责任。被告主张原告存在故意和重大过失的辩解意见缺乏事实和法律依据，本院不予采信。

关于原告因本次事故造成的合理损失。医疗费20700.16元、护理费3800元、营养费2070.02元、住院伙食补助费400元、交通费124.37元、残疾赔偿金30665.5元、精神损害赔偿金5000元，合计为62760.05元。

福建省厦门市集美区人民法院依照《中华人民共和国民法典》第一千一百七十九条、第一千一百八十三条第一款、第一千二百四十六条，《最高人民法院关于审理人身损害赔偿案件适用法律若干问题的解释》第六条、第八条、第九条、第十条、第十一条、第十二条第一款，《最高人民法院关于确定民事侵权精神损害赔偿责任若干问题的解释》第五条，《中华人民共和国民事诉讼法》第六十四条第一款之规定，判决如下：

一、被告潘某某应于本判决生效之日起十日内赔偿原告郑某某各项损失62760.05元；

二、驳回原告郑某某的其他诉讼请求。

潘某某不服一审判决，提起上诉。福建省厦门市中级人民法院经审理认为：本案系饲养动物损害责任纠纷，作为饲养动物致害一方，潘某某从原审抗辩到本案二审的上诉主张，其请求判令郑某某承担部分责任的理由是，郑某某在摔倒之前曾有拿棍子挑逗肇事狗的行为。但是，从监控视频看，郑某某出现在视频画面时，一手牵着自己饲养的体型较小的狗，一手拿着一根棍子，从郑某某的年龄看，该木棍应是郑某某本人随身作为助力行走方便使用的。在行走过程中，小狗受到惊吓，之后，郑某某举起木棍指向了肇事狗冲过来的方向。由此，郑某某的该行为应为阻止肇事狗可能冲过来的下意识动作，潘某某关于郑某某的该行为是对肇事狗进行挑逗的主张，原审法院不予采纳，并无不当。从监控视频也可以看出，潘某某饲养的狗并没有栓绳，而且体型明显大于郑某某用绳栓着的小狗，当肇事狗朝着郑某某的方向冲过来时，郑某某及其饲养的狗明显再次受到惊吓，郑某某继而摔倒在地，并久久不能自行起身。原审法院根据上述事实，认定潘某某作为宠物狗的管理人，未采取必要安全措施，致使郑某某不慎跌倒受伤，应承担全部责任，并无不当。潘某某的上诉主张，缺乏依据，本院亦不予采纳。此外，因双方对原审认定的各赔偿单项没有异议，本院不再重新审核。综上，原审法院认定事实清楚，审理程序合法、适用法律正确；潘某某的上诉请求缺乏依据，本院不予支持。

福建省厦门市中级人民法院依照《中华人民共和国民事诉讼法》第一百七十七条第一款第一项之规定，判决如下：

驳回上诉，维持原判。

【法官后语】

一、违反管理规定饲养动物致人损害责任的构成要件

《中华人民共和国民法典》第一千二百四十五条规定，饲养的动物造成他人损害的，动物饲养人或者管理人应当承担侵权责任；但是，能够证明损害是因被侵权人故意或者重大过失造成的，可以不承担或者减轻责任。第一千二百四十六条规定，违反管理规定，未对动物采取安全措施造成他人损害的，动物饲养人或者管理人应当承担侵权责任；但是，能够证明损害是因被侵权人故意造成的，可以减轻责任。从上述法条中可以得知，我国民法典对违反管理规定饲养动物致人损害责任采取的是无过错责任，其构成要件如下：

1. 动物饲养人或者管理人违反了关于饲养动物的管理规定。此处所说的管理规定，包括法律规定，也包括地方性法规、规章、条例、办法等对饲养动物作出的规定。例如，《厦门经济特区养犬管理办法》第十七条规定，个人携带犬只到户外活动的，应佩束犬链并由成年人牵领、看管，约束犬只不得惊吓、伤害他人。饲养动物的管理规定的类型很多，但主要限于关于对动物采取安全措施以避免造成他人损害的规定。《中华人民共和国民法典》第一千二百四十五条与第一千二百四十六条的关系体现在，即使行为人饲养动物的行为符合管理规定，如犬只佩戴束犬链、在规定时间及规定地点活动等，在动物致人损害

时，行为人也可能需要承担侵权责任；但是，一旦动物饲养人或者管理人违反管理规定，则可能导致动物饲养人或管理人责任的加重。

2. 未对动物采取安全措施。管理规定大多都要求对动物采取安全措施，这些安全措施的类型很多，概括起来主要涉及以下几个方面：第一，动物的饲养方式，即动物是否需要登记、是否应当圈养，如应当圈养是否需要装入笼中饲养等；第二，对动物的控制，即动物是否需要佩戴防咬嘴套、束犬链，其活动地点和活动时间是否有限制；第三，动物可以进入的场所，如特定动物不得进入特定的场所；第四，动物疫苗的注射，如饲养犬只应定期注射狂犬疫苗。严格地说，未对动物采取安全措施与饲养动物违反管理规定在性质上是一致的，也就是说，对动物采取安全措施本身就是管理规定的内容。但两者之间也存在一定的区别，因为管理规定所包含的内容非常宽泛，饲养人或管理人虽然违反了管理规定，但其可能与安全措施无关。例如，饲养宠物没有登记、办证，因其不属于安全措施的范畴，故不应适用该法第七十九条。

3. 饲养动物对他人造成了损害。首先，饲养的动物对他人造成的损害包括人身损害或财产损害，这里的人身损害包括严重精神损害，财产损害则限于直接财产损失，对于间接财产损失，法律一般不认可其属于“损害”。其次，动物的致害行为是动物本能的加害行为，包括自主加害行为以及受刺激加害行为。若动物所受刺激因第三人所致，此时被侵权人可向动物饲养人或者管理人主张权利，也可向第三人主张权利。若动物饲养人或者管理人将动物作为实施犯罪行为的工具，受害人可以提起刑事附带民事诉讼。

4. 动物的加害行为与损害结果之间存在直接因果关系。饲养动物致人损害责任适用无过错责任，一旦发生饲养动物致人损害的后果，饲养人或管理人就应当承担损害赔偿责任，而不得以其自身不存在过错为由拒绝承担民事责任。就证明责任的分配而言，被侵权人若欲主张权利，须对上述三个要件所对应的主要事实负担证明责任。

二、动物饲养人或者管理人的免责事由

对于动物饲养人或者管理人而言，上述法条中也规定了免责事由：损害是因被侵权人故意或者重大过失造成的，动物饲养人或者管理人可以不承担或者减轻责任。需注意：首先，因饲养动物致人损害适用无过错责任，故动物饲养人或者管理人自身是否存在过错不影响民事责任的承担。其次，在损害责任的免除上，不能进行过失相抵。即使动物饲养人或者管理人与被侵权人对损害结果的发生均具有重大过失，饲养人或者管理人也不能以此为由主张免除其赔偿责任。因为被侵权人的重大过失与动物饲养人或管理人的重大过失并非同一性质，前者的重大过失主要体现在其对自身安全疏于注意，后者则体现为对他人的人身或财产安全的疏忽。当被侵权人的过错是损害结果发生的直接且唯一的原因时，饲养人或者管理人才有可能免除其民事赔偿责任。若被侵权人对损害结果发生具有重大过失，饲养人或者管理人可以此为由减轻其民事赔偿责任。动物饲养人或者管理人可以通过证明被侵权人存在故意或者重大过失来减轻或者免除自身责任。

具体到本案中，潘某某的宠物狗体型较大，冲向郑某某时未佩束犬链，虽只围着郑某某近距离转圈，未实施直接接触人体的动作，但一般人在陌生犬只尤其是未被约束的犬只进入自身安全界线内的时候，会本能地产生恐惧的心理，并下意识地采取一定的自保措施。郑某某受到惊吓挥舞木棍驱赶符合常理，并非故意挑逗该宠物狗。虽然潘某某的宠物狗与郑某某不存在实际接触，但郑某某跌倒受伤与潘某某的宠物狗具备了引起与被引起的关系，故二者具备因果关系，潘某某对郑某某所受损害应当承担侵权责任。潘某某认为郑某某存在故意挥杆挑逗狗的行为，其自身存在故意或重大过失，但未提供证据就该辩解意见进行证明，故不能减轻潘某某的责任。

编写人：福建省厦门市集美区人民法院　刘洋

25

侵权责任因果关系认定中高度盖然性规则的应用

——欧阳某某诉刘某某饲养动物损害责任案

【案件基本信息】

1. 裁判书字号

湖北省武汉市中级人民法院（2022）鄂 01 民终 14094 号民事判决书

2. 案由：饲养动物损害责任纠纷

3. 当事人

原告（被上诉人）：欧阳某某

被告（上诉人）：刘某某

【基本案情】

2022 年 3 月 11 日晚，欧阳某某在用腿阻止分别由欧阳某某及刘某某饲养的两只宠物狗撕咬、争斗的过程中，腿被狗咬伤。事故发生时欧阳某某与刘某某均未牵狗绳，刘某某未在现场。

【案件焦点】

刘某某否认其所饲养的宠物狗咬伤欧阳某某，并认为欧阳某某未提交证据证明其被刘某某所饲养的宠物狗咬伤，这种情形下如何认定因果关系及侵权责任的范围。

【法院裁判要旨】

湖北省武汉市东西湖区人民法院经审理认为：刘某某虽辩称欧阳某某未提交证据证明其系被刘某某饲养的宠物狗咬伤，但证人证言可以证明事故发生时两狗撕咬、争斗，欧阳某某腿被狗咬伤属实。事故发生时，刘某某饲养的宠物狗未牵狗绳，且刘某某未就近管理，欧阳某某受伤与两狗撕咬、争斗存在因果关系，刘某某应承担侵权责任，但欧阳某某对其饲养的宠物狗亦未牵狗绳，且在两狗争斗过程中，用腿阻拦，对其自身损伤亦存在过错。结合当事人的过错程度，对欧阳某某及刘某某的责任划分比例为50%及50%。对欧阳某某的合理损失，确认为690元（医疗费590元+交通费100元），按照责任划分比例，刘某某应赔偿欧阳某某345元。对欧阳某某主张的其他损失，缺乏事实与法律依据，不予支持。

湖北省武汉市东西湖区人民法院判决如下：

一、刘某某于判决生效之日起五日内赔偿欧阳某某损失345元；

二、驳回欧阳某某的其他诉讼请求。

刘某某不服一审判决，提起上诉。湖北省武汉市中级人民法院经审理认为：刘某某对一审法院认定欧阳某某是被事发当时两只狗咬伤有异议，对原判认定其他事实未提出异议。欧阳某某对原判认定事实均无异议。对双方均未提出异议的事实予以确认。根据《中华人民共和国民事诉讼法》第一百七十条规定，二审针对刘某某的上诉请求和理由进行审理。本案二审争议焦点为：刘某某应否承担本案赔偿责任。欧阳某某、刘某某两人所饲养的狗于2022年3月11日晚发生争斗属实，欧阳某某于当晚注射了狂犬疫苗，于次日报警，证人也证实了事发经过，因此，欧阳某某当时被狗咬伤具有高度盖然性。事发当时，欧阳某某、刘某某均未牵狗绳，欧阳某某用腿踢狗，一审法院根据双方存在的上述过错，判令双方对本案损失各承担50%的责任，处理并无不当。本案损失发生在双方所饲养的狗发生争斗过程中，即使不是刘某某饲养的狗咬伤欧阳某某，刘某某也存在过错，故刘某某以无法证实是其所饲养的狗咬伤欧阳某某为由，要求不予承担本案责任，没有法律依据。综上，刘某某的上诉请求和理由不成立，不予支持。

湖北省武汉市中级人民法院依照《中华人民共和国民事诉讼法》第一百七十七条第一款第一项之规定，判决如下：

驳回上诉，维持原判。

【法官后语】

因果关系是侵权责任的重要构成要件，因果关系的合理认定能够保障受害者合法权益得到维护，且能够通过对侵权责任的成立及范围的确定进行限定以保障行为自由。因果关系包括责任成立的因果关系和责任范围的因果关系。责任成立的因果关系，是指侵权行为与侵害事实之间的因果关系；责任范围的因果关系，是指侵害事实与侵权行为作用力之间的因果关系，两者的区别在于前者决定侵权行为是否成立的问题，后者决定承担责任的形式及责任划分比例的问题。

审判实践中，关于因果关系，存在某些特定类型或特别情况下的侵权纠纷案件受害人客观无法或者很难举证证明因果关系要件的情形，从保护受害人（弱者）的角度出发，应该根据具体情况，合理适用高度盖然性的认定规则以及进行相应举证责任分配。即在受害人处于弱势，客观无法举证证明因果关系要件的时候，只要求受害人举证证明到一定的程度，就推定行为与损害事实之间存在因果关系，并由行为人举证证明其行为与损害事实之间没有因果关系或不存在过错。特定类型的案件一般为环境污染侵权纠纷、医疗事故侵权纠纷等受害人与行为人基于资源不对等、获取信息资料困难等受害人客观处于举证弱势地位的案件，特定情况下的案件一般为事发突然、情况紧急、现场环境复杂等特定情况下导致受害人无法或很难提供直接证据的案件。合理适用高度盖然性的认定规则以及进行相应举证责任分配，有利于提高审判效率，有助于保护受害者，实现公平正义。

但需要注意的是，第一，高度盖然性认定规则的适用应当审慎进行。盖然性程度在不同情况下存在差异，对高度盖然性规则的运用应当以现有法律为依据、按照法律原则的指导，且根据每个案件的具体实际情况，结合逻辑推理、日常生活经验法则，予以综合适用。如果过度扩大适用范围，可能导致损害相对方的合法权益，限制行为自由。第二，高度盖然性认定规则，应当要结合实践中的其他认定标准，予以综合适用。此处主要指的是，高度盖然性认定规则一般并非独立适用，仍然要结合当事人的过错程度、行为作用力大小等认定标准，对当事人进行责任范围的认定。

具体到上述案件中，第一，关于责任成立因果关系的问题，应当适用高度盖然性认定规则。审理中，欧阳某某提交的证据为受伤次日的报警记录（内容为其被狗咬伤）、注射狂犬疫苗的记录及医疗费票据（受伤当晚即注射了第一针试剂）、现场的目击证人证言（证人陈述在远处看见两狗撕咬、争斗，后一名女子将其中一条狗抱走，欧阳某某告知证人其被狗咬伤）。根据当事人的庭审陈述，双方确认现场环境为夜晚的蜂巢快递柜旁边，现场没有监控、没有人员。刘某某虽否认两狗曾存在撕咬、争斗的事实，并否认其饲养的宠物狗将欧阳某某咬伤，但其承认在现场将宠物狗抱走。本案中，当时的现场环境及客观情况导致欧阳某某无法提供直接证据证明因果关系，但根据其提供的现有证据，符合逻辑及一般生活常理，已经能够达到高度盖然性，应当认定侵权责任成立。另外，关于欧阳某某受伤是否系被刘某某饲养的狗咬伤，不影响侵权责任的认定。因为欧阳某某系在阻止两狗争斗的过程中受伤，无论是被两只狗中的哪只咬伤均应认定受伤事实与侵权行为存在因果关系。如果刘某某带其宠物狗在外部环境活动时按照饲养动物的相关规定系上狗绳，两狗发生争斗时即可通过牵引狗绳的方式及时阻止，欧阳某某可能就不会因此受伤。第二，关于责任范围因果关系的问题，也应当结合高度盖然性认定规则，并综合考量当事人的过错程度、现场环境、作用力大小等因素。刘某某带其饲养的宠物狗在外部环境中活动未牵狗绳，放任宠物狗自由行动且未就近管理，存在过错。欧阳某某同样未牵狗绳，且用腿阻拦在两只正处于争斗过程中的宠物狗，人为增大了被狗咬伤、抓伤的风险，亦存在过错。综合上述情况，法院对欧阳某某与刘某某的责任划分比例确认为50%与50%，合法合理。

编写人：湖北省武汉市东西湖区人民法院　谢然

八、建筑物和物件损害责任纠纷

26

保修期限不等同于合理使用年限，当庭审查明侵权行为发生的根本原因时，可以要求侵权实施主体承担责任

——刘某某诉房地产开发公司等物件脱落、坠落损害责任案

【案件基本信息】

1. 裁判书字号

江苏省盐城市中级人民法院（2022）苏09民终1060号民事判决书

2. 案由：物件脱落、坠落损害责任纠纷

3. 当事人

原告（被上诉人）：刘某某

被告（上诉人）：房地产开发公司、物业服务公司

被告（被上诉人）：某县住房和城乡建设局

【基本案情】

2019年2月25日上午，刘某某在其租住的涉案小区小高层C5幢一楼车库门前从事电动车修理过程中，被该栋楼上806室脱落的窗台线条粉刷层砸伤。后被先后送至各医院，于2019年11月13日出院，其间，刘某某遵医嘱多次至药房购买药物、至口腔门诊公司修复牙齿、至保健按摩工作室进行针灸、按摩

康复治疗。刘某某申请，法院委托鉴定，刘某某符合颅脑外伤后轻度智能减退伴精神障碍（人格改变）（日常生活有关的活动能力重度受限），构成人损八级伤残。共产生医疗费用414076.61元。另查明，涉案房地产开发公司系涉案小区C5幢楼的建设单位，C5幢楼于2009年12月30日竣工验收，验收结论为合格，已交付使用多年。涉案物业服务公司系涉案小区C5幢楼的物业服务公司，其在庭审中提交了其自制的“涉案项目部高空及墙体隐患巡查记录簿”，记录簿记载显示在本案事故发生前该小区近年来发生多起“墙体脱落”“水泥巴要掉”“轿车被水泥巴砸”“水泥巴要掉下来砸坏雨棚”等事件。物业服务公司另提交了其曾向某县住房和城乡建设局请示报告相关事项的材料。再查明，案涉事故发生后，物业服务公司与案外人园林绿化公司于2019年3月17日签订了《工程承包合同》，双方就案涉小区C区外墙脱落维修工程施工事项达成一致意见，由案外人对涉案小区C区（5幢楼）外墙脱落实施清理工程。而后案外人进行施工。另刘某某在事故发生以来收到有关单位给付的救助款项12万元。

一审法院至案涉事故现场进行查看，并向案发当天现场群众了解案涉事故情况，至案涉事故当天出警的派出所并向出警警官了解有关事故情况，另至某县住房和城乡建设局等单位及部门调取案涉有关材料，并向有关专家咨询了解案涉事故原因等情况。

【案件焦点】

1. 案涉事故导致刘某某受伤的原因是什么；2. 案涉事故的责任主体是谁，各被告应否承担责任；3. 刘某某自身在案涉事故中是否存在过错。

【法院裁判要旨】

江苏省盐城市滨海县人民法院经审理认为：根据向案发现场群众、案发时出警警官调查的情况，结合原告提供的现场照片、视频等证据，可以证实，砸伤原告头部的物体系案涉小区C5幢806室窗台线条粉刷层，即抹灰层。经过调查，可以认定砸伤原告的抹灰层厚度较厚，已超过35mm，抹灰层施工厚度超过标准，导致过重，是其脱落的主要原因。案涉房屋窗台线条粉刷层是由房地产开发公司开发建设，根据江苏省工程建设强制性标准《住宅工程质量通病控制标准》（DGJ 32/J16—2005）第 9.1.2 条规定，案涉脱落的粉刷层厚度在 35mm 以上，但该粉刷层未有挂网片等措施，导致原告受伤的部位抹灰层处存在质量问题，房地产开发公司作为开发建设者，应当对其提供的产品“抹灰层”质量承担责任。物业服务公司对案涉房小区具有维护管理义务。在事发前，该小区已存在多起类似安全隐患事故，被告物业服务公司在明知安全隐患存在的情况下，未及时积极充分履行排查、修缮等管理职责，对案涉事故的发生也存在过错，应当承担相应的赔偿责任。涉案事故发生地点为原告本人租用房屋前，而该房屋用途为车库。原告租用车库从事经营活动，且占用车库门前的公用部分进行电动车修理。原告对其受到的损害存在一定过错，应当减轻相关侵权人的责任。

江苏省盐城市滨海县人民法院依照《最高人民法院关于适用〈中华人民共和国民法典〉时间效力的若干规定》第一条，《中华人民共和国侵权责任法》第六条、第十六条、第二十二条、第二十六条、第八十五条，《最高人民法院关于审理人身损害赔偿案件适用法律若干问题的解释》第十七条、第十八条、第十九条、第二十条、第二十一条、第二十二条、第二十三条、第二十四条、第二十五条、第二十六条之规定，判决如下：

一、被告房地产开发公司于本判决发生法律效力之日起十日内赔偿原告刘某某 729859 元；

二、被告物业服务公司于本判决发生法律效力之日起十日内赔偿原告刘某某 208531 元；

三、驳回原告刘某某的其他诉讼请求。

房地产开发公司、物业服务公司不服一审判决，提起上诉。江苏省盐城市中级人民法院同意一审法院裁判意见，并认为：根据住房城乡建设部《建筑工程施工质量验收统一标准》（GB 50300—2013）中建筑工程的分部工程、分项工程划分，抹灰层属于建筑装饰、装修工程，不属于业主专有部分。保修期限并不等同于合理使用年限，在合理使用年限内出现了质量缺陷，导致他人损害的，开发商仍应当承担赔偿责任。竣工验收合格，只表明竣工验收时的状态，房屋内在的质量缺陷和瑕疵，可能经过一定时期才能显露出来。结合到本案中，绝大多数建筑物在建成后几十年内并不会出现外墙抹灰层脱落的现象，社会公众对建筑物外墙装修工程的合理使用年限的预期亦不会低于此。案涉抹灰层在合理使用年限内出现多处脱落情形，在无证据证明脱落系其他原因造成的情况下，脱落现象本身，即可说明建筑物存在质量瑕疵。

江苏省盐城市中级人民法院依照《中华人民共和国民事诉讼法》第一百七十七条第一款第一项之规定，判决如下：

驳回上诉，维持原判。

【法官后语】

部分“老旧小区”“老破小房屋”在建设之初，囿于施工技术、监工能力、验收内容等限制，一些隐蔽工程或验收范围外的裸露施工部分成了验收空白内容，而这部分往往也是施工的薄弱环节。经过风霜雨露，这些部分存在的质量问题暴露出来，引起了一些致人伤亡、致物损坏的案件，受害人往往秉持“能告尽告”的诉讼策略，将关联主体均列为被告，为审理确定致伤物、致伤原因、责任主体确定增加了难度。本案受害人较为年轻，受伤后一直疲于寻医治疗，紧缺医疗费，各责任主体相互推卸，导致原告的救治费用主要来源于政府救助和家庭筹借。本案致伤物来自小区高层某业主房屋外飘窗抹灰层，而抹灰层属于建筑装饰、装修工程部分。在老旧小区装修完成验收那个年份，此类外观工程成为验收缺口。《中华人民共和国民法典》施行后发生类似的纠纷，是否严格按照《中华人民共和国民法典》第一千二百五十三条规定予以适用，值得注意，此条也成为开发商、施工单位等常用的抗辩依据。该条规定的“所有人、管理人、使用人”并不是排他适用，即并不是指该三类主体外的侵权主体不用承担责任，如有证据证明开发商、物业服务公司等其他主体也存在过错，也应当回到侵权责任体系中，依法承担相应的责任。在此情况下，实质意义上弥补受害者的损失。

同时，建筑物质量保修期的适用，应以涉案建筑物符合相关质量技术标准为前提。主张质保期已过不是开发商或建筑商绝对不承担相应责任的“万能钥匙”。保修期限并不等同于合理使用年限，在合理使用年限内出现了质量缺陷，导致他人损害的，开发商仍应当承担赔偿责任。建筑物的各分项工程，亦应当有合理使用年限，在合理使用年限内出现倒塌、脱落等问题，如无证据证明系其他原因所致，即应认定建设工程存在质量瑕疵。《中华人民共和国民法典》第一千二百五十三条规定：“建筑物、构筑物或者其他设施及其搁置物、悬挂物发生脱落、坠落造成他人损害，所有人、管理人或者使用人不能证明自己没有过错的，应当承担侵权责任。所有人、管理人或者使用人赔偿后，有其他责任人的，有权向其他责任人追偿。”该条也成为《中华人民共和国民法典》施行后各被告为自己抗辩不应承担责任的依据。尤其是房屋的开发商、施工单位等。笔者通过审理本案，发现《中华人民共和国民法典》第一千二百五十三条不宜理解为是排他适用，即并非所有人、管理人、使用人之外的人不应承担责任。法官在审理此类案件过程中，加强主观能动性的作用，积极通过现场勘察（本案承办法官通过爬高层飘窗，实际多次测量）、走访事发时现场群众、至住建部门进行咨询等方式，最终确定侵权主体。如果能查明，直接根据过错情形来处理案件。如此一来，既能减少当事人的诉累，也能从客观上增加当事人获赔的概率，及时维护当事人的诉权。

编写人：江苏省盐城市滨海县人民法院　陈亚男

27

高速公路上的遗撒物导致他人财产受到损害责任承担

——张某某诉建设公司公共道路妨碍通行损害责任案

【案件基本信息】

1. 裁判书字号

广东省肇庆市中级人民法院（2022）粤12民终2361号民事判决书

2. 案由：公共道路妨碍通行损害责任纠纷

3. 当事人

原告（被上诉人）：张某某

被告（上诉人）：建设公司

【基本案情】

2021年11月21日6时25分，张某某驾驶小型客车沿某高速公路进入行车道内行驶时碰撞路面障碍物（货车轮胎皮），造成小型客车车头损坏，无人受伤的交通事故。某市公安局交通警察支队高速公路某大队经过现场勘查和调查取证，认定张某某没有与事故发生有直接因果关系的交通违法行为及过错，认为此次事故属于交通意外事故，张某某没有事故责任。公安交通警察部门未能认定遗撒货车轮胎皮的所有人或管理人。张某某将事故车辆送汽车贸易公司予以维修至2021年12月1日，为此用去拖车费3000元，修理费19000元（包括工时费3113.63元、税额404.77元，配件费13700.53元、税额1781.07元）；还自2021年11月21日起至12月2日止在旅业城住宿，用去住宿费840元。建设公司是上述事故发生路段的管理人。事发当天，建设公司于02时00分开始对包括案发路段在内的管理路段进行第一次巡查，于06时39分接到事故通知，即前往事故现场维持秩序、清理事故现场，并指引张某某至公安交通警察部门处理事故。建设公司规定广贺高速每天巡查四次，自2021年11月20日2：00起至24：00止，共巡查四次；自2021年11月21日2：00起至24：00止，共巡查四次，其中在第一次的巡查记录表中较为详细地记述了本案发生的事故及其处置情况。

【案件焦点】

建设公司是否应对张某某的损失承担赔偿责任。

【法院裁判要旨】

广东省广宁县人民法院经审理认为：本案是因公共道路上的遗撒物导致他

人财产受到损害产生的纠纷，导致张某某驾驶的车辆损害的是遗撒在公共道路上的货车轮胎皮，本应由遗撒货车轮胎皮的行为人承担侵权责任，由于无法确定行为人，且张某某在事故中也没有过错，而作为公共道路管理人的建设公司虽提供证据证明其对路面的巡查尽到了一定的义务，但没有及时发现、清理道路上的遗撒物，不足以防止遗撒物妨碍通行而导致的交通事故，对本案事故的发生存在过错，应当承担相应的责任。

广东省广宁县人民法院依照《中华人民共和国民法典》第一千二百五十六条、第一千一百八十四条、第一千二百零八条，《中华人民共和国道路交通安全法》第七十六条，《机动车交通事故责任强制保险条例》第二十三条之规定，判决如下：

一、建设公司应当在判决发生效力之日起十日内向张某某赔偿各项财产损失合计22740元；

二、驳回张某某的其他诉讼请求。

建设公司不服一审判决，提出上诉，广东省肇庆市中级人民法院经审理认为：本案系公共道路妨碍通行损害责任纠纷。争议焦点为建设公司是否应对张某某的损失承担赔偿责任。

本次事故的直接侵权人为遗撒货车轮胎皮的行为人，虽然目前无法确定行为人的具体身份，但其侵权责任并不由此消失，张某某可以依法向侵权行为人要求赔偿，道路管理者责任的归责原则是过错推定责任原则，如果道路管理者不能证明自己没有过错的，则应当承担相应的赔偿责任。事发路段为收费高速公路，收费高速公路属于有偿使用，管理者从事道路管理活动能够获取利益，因此其也应当具有更重的管理义务。建设公司作为事发收费高速公路路段的管理者，虽对案涉道路进行了巡查，但提供的证据不足以证明其已尽到及时清理障碍物的义务，对张某某因案涉障碍物造成的损害，其应当承担与之过错相适应的责任。但此种责任不应当无限扩大，民法典和司法解释所规定的道路管理者在此情形下承担的是与其过错相适应的责任，而非全部责任。综合道路情况，完全苛责于道路管理者24小时不间断、随时清理高速公路路面也并不符合实际，根据建设公司的过错程度，酌定其应对张某某的损失承担40%的赔偿责任为宜，其承担赔偿责任后，可向实际侵权人即障碍物遗撒人追偿。

广东省肇庆市中级人民法院依照《中华人民共和国民法典》第一千二百五十六条，《最高人民法院关于审理道路交通事故损害赔偿案件适用法律若干问题的解释》第七条第一款，《中华人民共和国民事诉讼法》第一百七十七条第一款第二项之规定，判决如下：

一、撤销广东省广宁县人民法院（2022）粤1223民初39号民事判决第二项；

二、变更广东省广宁县人民法院（2022）粤1223民初39号民事判决第一项为：建设公司应当在本判决发生法律效力之日起十日内向张某某赔偿各项财产损失合计9096元；

三、驳回张某某的其他诉讼请求。

【法官后语】

关于公共道路上堆放、倾倒、遗撒妨碍通行的物品造成他人损害责任道路管理者的归责问题，理论界有学者认为，应当适用无过错责任原则。保障公共道路安全畅通是道路管理者的法定义务，公共道路妨碍通行致害责任是一种特殊的物件损害责任，危害公共安全，应加重道路管理者的责任。也有学者认为，公共道路管理者责任应适用过错责任。但公共道路情况复杂，有的是封闭公路，有的是开放公路；有的是收费公路，有的是非收费公路，如果要求道路管理者承担过错推定责任，就加重了其责任承担，增加了公路部门的管理成本。

笔者认为，公共道路管理者责任适用过错推定责任。《中华人民共和国民法典》第一千二百五十六条“在公共道路上堆放、倾倒、遗撒妨碍通行的物品造成他人损害的，由行为人承担侵权责任。公共道路管理人不能证明已经尽到清理、防护、警示等义务的，应当承担相应的责任”和《最高人民法院关于审理道路交通事故损害赔偿案件适用法律若干问题的解释》（2020年修正）第七条第一款“因道路管理维护缺陷导致机动车发生交通事故造成损害，当事人请求道路管理者承担相应赔偿责任的，人民法院应予支持。但道路管理者能够证明已经依照法律、法规、规章的规定，或者按照国家标准、行业标准、地方标准的要求尽到安全防护、警示等管理维护义务的除外”均明确了道路管理者如果能证明自己履行了法定的清理、防护等义务是可以减轻甚至是免责的。即因道路上堆放、倾倒、遗撒物品妨碍通行的行为导致交通事故造成损害，当事人请求道路管理者承担相应赔偿责任的，人民法院应予支持。但道路管理者能举证证明已按照法律、法规、规章、国家标准、行业标准或地方标准尽到清理、防护、警示义务的，应减轻或免除其责任。

本案中，虽然原告在高速公路上因碰撞路面障碍物产生了损害，但建设公司提供了其已按相关的规定尽到部分的安全防护、警示等管理维护义务，理应减轻其的责任。即便高速道路属于收费道路，公路管理者、公路经营企业通过对公路的运营活动获得利益，这种责任也是其获得利益所应承担的相应风险。正如二审法院认为，收费高速公路属于有偿使用，管理者从事道路管理活动能够获取利益，因此其也应当具有更重的管理义务。建设公司作为事发收费高速公路路段的管理者，虽对案涉道路进行了巡查，但提供的证据不足以证明其已尽到及时清理障碍物的义务，对张某某因案涉障碍物造成的损害，其应当承担与之过错相适应的责任。但此种责任不应当无限扩大，民法典和司法解释所规定的道路管理者在此情形下承担的是与其过错相适应的责任，而非全部责任。综合道路情况，完全苛责于道路管理者24小时不间断、随时清理高速公路路面也并不符合实际，故二审根据被告的过错程度判决其承担40%的责任是合理合法的做法。

编写人：广东省广宁县人民法院　植奇伟

28

公共道路妨碍通行损害责任的归责原则及评判标准

——张某某诉叶某某等公共道路妨碍通行损害责任案

【案件基本信息】

1. 裁判书字号

江苏省淮安市中级人民法院（2022）苏08民终2222号民事判决书

2. 案由：公共道路妨碍通行损害责任纠纷

3. 当事人

原告（被上诉人）：张某某

被告（上诉人）：叶某某

被告（被上诉人）：某县交通运输局、某县公路中心、财产保险公司

【基本案情】

2021年10月18日20时许，叶某某驾驶装载石块的货车，途经A国道由东向西行驶，后转到B省道，再转到C省道，最后从C省道转至淮金线离开金湖。其车上所载石块包装松散，且有明显缺损痕迹。

2021年10月18日21时许，张某某驾驶电动自行车沿A国道非机动车道由东向西行驶至某县境内A国道时，撞上未知名当事人在非机动车道内遗留的石块，致张某某受伤、车辆损坏，造成道路交通事故。事故发生后，张某某被送往医院治疗，住院期间，共花去各项费用43487.98元。

出院后，张某某向公安机关报警，某县公安局交通警察大队于2021年12月15日作出道路交通事故证明，证明认为：因当事人报案时间与事故发生时间间隔长，无法调取周边技术监控设备资料，仅有当事人及证人陈述，现有证据

无法查明未知名当事人身份及事故发生时的具体情况。

经查明，事发路段交通主管部门和公路管理机构是某县交通运输局和某县公路中心，张某某在将叶某某诉至法院的同时，也要求某县交通运输局和某县公路中心承担相应赔偿责任。

【案件焦点】

1. 叶某某在车辆运输过程中，是否存在遗撒石块妨碍道路通行行为，张某某受伤与该石块是否具有因果关系，叶某某是否应对张某某受伤承担赔偿责任；2. 本案事故应定性为机动车交通事故责任纠纷，还是公共道路妨碍通行责任纠纷，财产保险公司在案件中应否承担责任；3. 某县交通运输局、某县公路中心是否充分履行道路巡查、清障职责，对张某某受伤是否存在过错，应否承担相应赔偿责任。

【法院裁判要旨】

江苏省金湖县人民法院经审理认为：关于争议焦点一，叶某某所驾车辆当天 20 时许经过涉事路段，其车上所载石块包装松散，且有明显缺损痕迹，具有极大掉落可能，在此前后，亦无其他车辆装载石块经过该路段，根据生活经验和逻辑可以推断案涉石块是从其车辆掉落，因此，张某某主张路面遗留石块系叶某某车辆所遗落并导致原告受伤具有高度可能性，应予以确认，叶某某依法应对张某某所受伤害承担相应责任。张某某作为完全民事行为能力人，驾驶电动自行车疏于观察，未能谨慎驾驶，其本人亦应对自身所受伤害承担相应责任，可减轻叶某某的责任，酌定叶某某承担 60% 的赔偿责任。

关于争议焦点二，张某某受伤并非因与机动车辆相互作用而发生的事故所致，也非因机动车运行过程中所载物品遗落瞬间导致，而是因其在驾驶电动自行车过程中，疏于观察，撞上路面遗留的石块所致，因此，案件不属于机动车交通事故责任纠纷，而应定性为公共道路妨碍通行损害责任纠纷，财产保险公司依法不应承担责任。

关于争议焦点三，某县交通运输局、某县公路中心，依法提供了其日常以及定期和不定期养护巡查记录，可以证明公路管理机构以及养护单位已经依法履行了公路管理和养护的职责。叶某某驾驶车辆于当日20时许经过事发路段遗落石块，张某某驾驶电动自行车于当日21时许经过事发路段并发生事故导致受伤，其间隔仅为一小时左右且为夜间，无法苛求公路管理机构在短时间内巡查到事发路段，张某某要求某县交通运输局、某县公路中心承担责任这一主张，缺乏事实依据和法律依据，不应予以支持。

江苏省金湖县人民法院依照《中华人民共和国民法典》第一千一百六十五条、第一千一百七十三条、第一千一百七十九条、第一千二百五十六条，《中华人民共和国民事诉讼法》第六十七条，《最高人民法院关于适用〈中华人民共和国民事诉讼法〉的解释》第一百零五条、第一百零八条之规定，判决如下：

一、被告叶某某于本判决生效之日起十五日内赔偿原告张某某医疗费26092.79元；

二、驳回原告张某某的其他诉讼请求。

叶某某不服一审判决，提出上诉。江苏省淮安市中级人民法院同意一审法院裁判意见。

江苏省淮安市中级人民法院依照《中华人民共和国民事诉讼法》第一百七十七条第一款第一项之规定，判决如下：

驳回上诉，维持原判。

【法官后语】

本案是路面遗撒引发公共道路妨碍通行损害责任的典型案件。人民法院在审理此类案件时，需要认清其与机动车交通事故案件的区别，并根据承担责任主体的不同，适用不同的归责原则。

一、如何区分公共道路妨碍通行损害责任纠纷与机动车交通事故责任纠纷

“机动车交通事故责任纠纷”案由一般适用于机动车发生交通事故导致的损害赔偿，单独因妨碍通行的行为人以及道路的管理者引发的事故，应当以“公共道路妨碍通行损害责任纠纷”为案由。本案中，张某某受伤并非因与机

动车辆相互作用而发生的事故所致，也非因机动车运行过程中所载物品遗落瞬间导致，而是因其在驾驶电动自行车过程中，撞上路面遗留的石块所致，因此，本案不属于机动车交通事故责任纠纷，而应定性为公共道路妨碍通行损害责任纠纷。

二、公共道路妨碍通行损害责任的归责原则

妨碍通行物损害责任的归责原则，根据承担责任主体的不同，适用不同的归责原则：(1) 在公共道路上堆放、倾倒、遗撒妨碍通行物品的行为人承担无过错的侵权责任。堆放、倾倒、遗撒妨碍通行物品行为人在公共道路上堆放、倾倒、遗撒妨碍通行物品造成他人损害的，无论主观上是否存在过错，均应当承担赔偿责任，即适用无过错责任原则。(2) 公共道路管理人采用过错推定归责原则，即不能证明已经尽到清理、防护、警示等义务的，应当承担相应的责任。堆放、倾倒、遗撒妨碍通行物品行为人承担无过错责任是因为其堆放、倾倒、遗撒妨碍通行物品是造成损害的真正原因，其作为控制和管理妨碍通行物品的行为人，其堆放、倾倒、遗撒妨碍通行物品的行为违反了法律、行政法规及规章的规定，其完全有能力预防损害的发生，故其应承担侵权责任；而公共道路管理者对其管理的公共道路依法负有清理、防护、警示等义务，若因其消极的不作为，没有尽到合理的注意义务，则其对损害结果的发生起到了辅助作用，故其应承担相应的责任。同时，公共道路管理者承担的相应责任，是与其过错程度及造成受害人损害原因力相适应的责任，而非与堆放、倾倒、遗撒妨碍通行物品行为人承担连带责任。

三、如何认定公共道路管理人尽到清理、防护、警示等义务

公共道路管理人对其管护路段负有管理职责，其未尽清理、防护、警示等义务属于失职，由此造成损害的，法律推定公共道路管理人具有过错，但这一推定可以由其举证证明已尽到清理、防护、警示等义务予以推翻。尽管如此，“尽到清理、防护、警示等义务”的判断标准仍显得较为抽象，在审判实务中区分难度较大。本案就是根据法律法规及相关文件规定，确认县级公路管理机构对辖区内国、省道干线公路的管理义务标准。本案裁判认为，根据县级公路

管理机构提供的日常养护巡查记录以及定期和不定期养护巡查记录，可以证明公路管理机构以及养护单位（承包人）依法履行了公路管理和养护的职责，张某某要求县级公路管理机构于每月不少于一次的夜间巡查且在短时间内刚好巡查到事发路段这一点位的主张过于苛刻，不应予以支持。综上，认定公共道路管理人在高速公路、省道、村道等不同道路的管理义务标准，应区分个案具体情况，将各级公路管理机构工作职责、妨碍通行物品存续期间、事故发生时间等纳入考量范围予以综合评价。

编写人：江苏省金湖县人民法院　徐冬然　陈凯

九、触电人身损害责任纠纷

29

低压电路触电损害赔偿责任主体的司法认定

——陈某某等诉电力公司分公司、电力公司触电人身损害责任案

【案件基本信息】

1. 裁判书字号

江苏省宿迁市中级人民法院（2022）苏 13 民终 2347 号民事判决书

2. 案由：触电人身损害责任纠纷

3. 当事人

原告（被上诉人）：陈某某、李某某、徐某 1、陈某

被告（上诉人）：电力公司分公司

被告：电力公司

【基本案情】

2011 年，陈某 1 承包鱼塘从事养殖业，其居住的房屋位于鱼塘北侧，该房屋与鱼塘南侧的泵站之间有电路相连，房屋用电来源于泵站。2015 年，陈某 1 向电力公司分公司申请用电，电力公司分公司的工作人员将原户名为徐某 2 的户号变更户名为陈某 1，在距离村变压器（位于鱼塘北侧数百米处）约 300 米处的电杆上安装了电表和剩余电流末级保护器，并提供了从电表至鱼塘南侧的

电线和数根电杆，从最后一根电杆至鱼塘北侧陈某1居住的房屋之间的沿鱼塘边架设的数百米电线为原有线路。此后，陈某1即正常用电并缴纳电费。2019年8月16日上午，陈某1发现沿鱼塘边架设的原有线路上有一根电杆（位于鱼塘水中，距离塘边近1米）的金属拉线（上端与电杆横担相连）接地端断裂，即打电话联系电工进行维修，后在电工未到场的情况下，其自行用木棍挑拉线，因拉线带电致陈某1当即触电身亡。

陈某某、李某某系陈某1父母，徐某1系陈某1配偶，陈某系陈某1女儿。李某某于2022年7月25日去世。

【案件焦点】

1. 电力公司分公司应否对陈某某、李某某、徐某1、陈某因案涉事故产生的损害承担赔偿责任；2. 如应承担，各方应当承担的赔偿责任比例如何确定。

【法院裁判要旨】

江苏省沭阳县人民法院经审理认为：公民的生命健康权受法律保护，受到侵害有权获得赔偿。陈某某、李某某、徐某1、陈某四人提供证人证言能够证明陈某1系因触电死亡。案涉触电事故发生线路系低压线路，因低压供电引起的人身损害赔偿案件，应适用一般过错责任原则。电力公司分公司对陈某1的死亡存在过错，应当承担赔偿责任。理由如下：第一，电力公司分公司从事农电的工作人员接到用电申请后即为陈某1供电，陈某1亦履行了缴纳电费的义务，陈某1与电力公司分公司之间形成供用电合同关系。第二，案涉触电事故的发生系接地端断裂的电杆拉线带电导致，而电杆拉线上端与电杆横担相连，拉线带电的原因应系使用多年的电线绝缘层老化磨损，致电线裸露进而引起横担乃至拉线带电。第三，电力公司分公司作为电力企业，应当将符合规定标准的架空电力线路接到陈某1居住的鱼塘北侧房屋旁边，即最后一根电杆至房屋的接户线的总长度不宜超过50米，电表应当安装在房屋外墙上。而电力公司分公司仅将架空电力线路接到鱼塘南侧，鱼塘南侧至北侧房屋之间的数百米线路仍使用不符合规定标准的原老旧线路，存在安全隐患，违反了法律、法规的相关强制性规定。作为用户的陈某 1 对电力公司分公司违规作业不存在过错。因此，本案中不宜简单机械地认定电表以下的线路产权属于陈某 1。电力公司分公司以原老旧线路的产权属于陈某 1 为由，多年来未对该线路进行检修和维护以保证其正常运行，违反了《中华人民共和国电力法》第十九条第二款之规定，致使安全隐患长期存在并发展致电杆拉线带电，是导致陈某 1 触电死亡的直接原因。陈某 1 作为完全民事行为能力人，在发现电力设施损坏后，应当预见到损坏的电力设施对周围环境可能产生危险，其在电工未到场的情况下轻信自己能够避免危险的发生，自行用木棍挑拉线，其积极行为导致自身触电死亡，对自身损害后果亦存在一定过错，依法应减轻电力公司分公司的赔偿责任。综合双方的过错程度和过错与损害后果之间的原因力大小，沭阳县人民法院认定电力公司分公司应对陈某 1 死亡产生的损失承担 60% 的赔偿责任。对于陈某 1 触电身亡产生的损失，电力公司分公司财产不足以赔偿部分，由电力公司承担赔偿责任。

江苏省沭阳县人民法院依据《最高人民法院关于适用〈中华人民共和国民法典〉时间效力的若干规定》第一条第二款，《中华人民共和国侵权责任法》第六条、第十六条、第二十二条，《中华人民共和国民事诉讼法》第一百四十五条之规定，判决如下：

一、电力公司分公司于判决生效之日起十日内赔偿陈某某等四人因其亲属陈某 1 死亡产生的损失 730849. 5 元，电力公司分公司财产不足以清偿部分由电力公司赔偿；

二、驳回陈某某等四人的其他诉讼请求。

电力公司分公司不服一审判决，提起上诉。江苏省宿迁市中级人民法院经审理认为：行为人因过错侵害他人民事权益造成损害的，应当承担侵权责任。陈某某、李某某、徐某 1、陈某的亲属陈某 1 因接触接地端断裂的带电电杆拉线导致触电身亡，电力公司分公司对上述损害后果的发生存在过错，故电力公司分公司应当对陈某某、李某某、徐某 1、陈某因案涉事故发生所产生的损害承担相应的过错责任。

针对电力公司分公司的上诉主张，分述如下：

1. 关于案涉电力设施产权人的问题。电力公司分公司依据《供电营业规则》第四十七条第一款及《农村低压电力技术规程》第 9.1.2 条规定，主张应当以用户计量装置即电表安装处作为产权分界点。《供电营业规则》第四十七条第一款规定，公用低压线路供电的，以供电接户线用户端最后支持物为分界点，支持物属供电企业。《农村低压电力技术规程》第 9.1.2 条规定，用户计量装置在室外时，从低压电力线路到用户室外计量装置的一段线路为接户线；从用户室外计量箱出线端至用户室内第一支持物或配电装置的一段线路为进户线。第 9.2.2 条规定，农户生活用电应实行一户一表计量，其电能表箱宜安装在户外墙上。第 9.3.1 条规定，接户线的相线和中性线或保护中性线应从同一基电杆引下，其挡距不宜大于 25m，超过 25m 时，应加装接户杆，但接户线的总长度（包括沿墙敷设部分）不宜超过 50m。附录部分 P1.3 对“宜”解释为“表示允许稍有选择，在条件许可时首先应这样做”。根据上述规定，应当认定公用低压线路供电的产权分界点是供电接户线用户端的最后支持物，但安装及确定接户线用户端的最后支持物应当遵照相应的标准，该标准应当符合《农村低压电力技术规程》中关于进户线及电能表箱的安装规范标准。本案中，电力公司分公司将陈某 1 家用的电能表箱安装在距离村变压器（位于鱼塘北侧数百米处）约 300 米处的电杆上，且最后一根电杆至陈某 1 居住的房屋之间的沿鱼塘架设的数百米电线为原有线路。对比《农村低压电力技术规程》中关于进户线及电能表箱的安装规范标准，陈某 1 家用电能表箱的安装位置并不符合上述规范标准。虽《农村低压电力技术规程》对电能表箱的安装用语未使用严格意义上的“必须”或者“应当”，而是使用了可以存在稍有选择的“宜”，但亦仍然强调“在条件许可时应当首先这样做”。本案中，电力公司分公司以案涉电能表箱安装位置确定线路产权分界点，并以产权确定划分供电设施上发生的事故应承担的法律责任的主张不应当予以支持。首先，《农村低压电力技术规程》对电能表箱的安装用语“宜”，其适用的本意应在于排除用户无法提供房屋外墙的情况，不能以此苛责供电企业必须满足用户之安装条件；其次，《供电营业规则》关于产权分界的确定系建立在产权分界点安装符合电力行业标准的情形下予以适用，即用户的接户线及计量装置的安装符合标准后，才能据此确定产权分界点，从而进行法律责任的风险划分，不应本末倒置；最后，供电设施的架设及接户线、计量装置的安装均由供电企业控制，用户仅关心是否能够正常使用电力，对供电设施的安装参与度甚少，甚至无权干涉，若据此以供电企业随意安装的计量装置位置确定产权分界点，必然有失公允，故供电企业对确定产权分界点的计量装置的安装必须符合电力行业标准。而本案中，电力公司分公司并未提交证据对客观上不能将电能表箱安装至陈某 1 房屋的户外墙上之事实加以证实。一审法院经现场勘查后，认定本案中安装的电能表箱的位置不符合行业标准，不应当据此机械认定本案事故线路的产权所有人为陈某 1，并无不当。

2. 关于案涉事故发生的线路段维护、管理义务主体的问题。电力公司分公司依据《供电营业规则》第五十一条、第六十一条规定，主张用电人对其电力设施负有运行维护管理责任，并须对其设备的用电安全负责。《供电营业规则》第五十一条规定，在供电设施上发生事故引起的法律责任，按供电设施产权归属确定。产权归属于谁，谁就承担其拥有的供电设施上发生事故引起的法律责任。但产权所有者不承担受害者因违反安全或其他规章制度，擅自进入供电设施非安全区域内而发生事故引起的法律责任，以及在委托维护的供电设施上，因代理方维护不当所发生事故引起的法律责任。第六十一条第一款、第二款规定，用户应定期进行电气设备和保护装置的检查、检修和试验，消除设备隐患，预防电气设备事故和误动作发生。用户电气设备危及人身和运行安全时，应立即检修。本案中，电力公司分公司与陈某 1 之间成立供用电合同关系，电力公司分公司作为供电人应当按照国家规定的供电质量标准和约定安全供电。供电人未按国家规定的供电质量标准和约定安全供电，造成用电人损失的，应当承担损害赔偿责任。案涉触电事故发生在原老旧线路，在电力公司分公司为陈某 1 开设用电户并架设输电线路时，该老旧线路已然存在。根据《中华人民共和国电力法》第十九条第二款规定，电力企业应当对电力设施定期进行检修和维护，保证其正常运行。电力公司分公司在向陈某1输送电力时，将其架设的最后一根电杆接至原有老旧线路，但并未对原有老旧线路进行安全检测，因老旧线路中的电线上绝缘层老化磨损导致电线裸露从而引起金属拉线带电，应认定电力公司分公司在履行供用电合同的过程中，未按照国家规定的供电质量标准和约定尽到安全供电义务，故电力公司分公司应当对陈某1接触本应安全的金属拉线确因电线磨损而带电所产生的损害后果承担赔偿责任。电力公司分公司运用《供电营业规则》中以产权区分法律责任的规定，来直接适用本案损害结果的责任划分，忽视并脱离了损害结果发生的原因，故其据此主张不应当承担赔偿责任的理由不能成立。

3. 关于各方应当承担的赔偿责任比例问题。本院认为，陈某1因接触带电金属拉线导致触电身亡，该损害后果发生的原因在于金属拉线带电及陈某1过于自信的接触行为。而正常情形下，金属拉线不应带电，接触金属拉线并不会导致触电事故。本案金属拉线带电的原因在于电线绝缘层老化磨损，致电线裸露进而引起横担带电，而该安全隐患的检修和维护的义务人是电力公司分公司，本案事故发生的主要原因在于本不应当带电的金属拉线因电线磨损长期接触带电，由安全的电力设施转变成为高危险的电力设施，故一审法院综合全案，酌定由电力公司分公司对本案事故产生的损害承担60%的赔偿责任并无不当。

因原审原告李某某于一审判决作出后死亡，李某某继承人明确表示放弃继承，故一审判决结果应予相应变更。

江苏省宿迁市中级人民法院依照《中华人民共和国民事诉讼法》第一百七十七条第一款第二项之规定，判决如下：

一、撤销江苏省沭阳县人民法院（2021）苏1322民初8403号民事判决；

二、电力公司分公司于本判决生效之日起十日内赔偿陈某某、徐某1、陈某因其亲属陈某1死亡产生的损失730849.5元，电力公司分公司财产不足以清偿部分由电力公司赔偿；

三、驳回陈某某、徐某1、陈某的其他诉讼请求。

【法官后语】

一、低压电路中电力设施产权人的认定

《供电营业规则》第五十一条规定，在供电设施上发生事故引起的法律责任，按供电设施产权归属确定。产权归属于谁，谁就承担其拥有的供电设施上发生事故引起的法律责任。因《供电营业规则》仍是现行有效的部门规章，供电企业往往抓住此“产权归属规则”作为“免责金牌”，致使一些用户因计量装置安装的不规范行为而引发的触电损害无法得到赔偿，极大地损害了用户的权益。因此，在产权归属的认定与归责原则息息相关时，必须审查并确认供电企业对确定产权分界点的计量装置的安装应当符合电力行业标准。

《供电营业规则》第四十七条第一款规定，公用低压线路供电的，以供电接户线用户端最后支持物为分界点，支持物属供电企业。为了进一步细化低压线路的安装规范，《农村低压电力技术规程》第9.1.2条规定，用户计量装置在室外时，从低压电力线路到用户室外计量装置的一段线路为接户线；从用户室外计量箱出线端至用户室内第一支持物或配电装置的一段线路为进户线。第9.2.2条规定，农户生活用电应实行一户一表计量，其电能表箱宜安装在户外墙上。第9.3.1条规定，接户线的相线和中性线或保护中性线应从同一基电杆引下，其挡距不宜大于25m，超过25m时，应加装接户杆，但接户线的总长度(包括沿墙敷设部分）不宜超过50m。《农村低压电力技术规程》附录部分P1.3对“宜”解释为“表示允许稍有选择，在条件许可时首先应这样做”。根据上述规定，应当认定公用低压线路供电的产权分界点是供电接户线用户端的最后支持物，但安装及确定接户线用户端的最后支持物应当遵照相应的标准，该标准应当符合《农村低压电力技术规程》中关于进户线及电能表箱的安装规范标准。具体到本案中，电力公司分公司将陈某1家用的电能表箱安装在距离村变压器（位于鱼塘北侧数百米处）约300米处的电杆上，且最后一根电杆至陈某1居住的房屋之间的沿鱼塘架设的数百米电线为原有线路。对比《农村低压电力技术规程》中关于进户线及电能表箱的安装规范标准，陈某1家用电能表箱的安装位置并不符合上述规范标准。

虽《农村低压电力技术规程》对电能表箱的安装用语未使用严格意义上的“必须”或者“应当”，而是使用了可以存在稍有选择的“宜”，但亦仍然强调“在条件许可时应当首先这样做”。本案中，电力公司分公司以案涉电能表箱安装位置确定线路产权分界点，并以产权确定划分供电设施上发生的事故应承担的法律责任的主张不应当予以支持。首先，《农村低压电力技术规程》对电能表箱的安装用语“宜”，其适用的本意应在于排除用户无法提供房屋外墙的情况，不能以此苛责供电企业必须满足用户之安装条件；其次，《供电营业规则》关于产权分界的确定系建立在产权分界点安装符合电力行业标准的情形下予以适用，即用户的接户线及计量装置的安装符合标准后，才能据此确定产权分界点，从而进行法律责任的风险划分，不应本末倒置；最后，供电设施的架设及接户线、计量装置的安装均由供电企业控制，用户仅关心是否能够正常使用电力，对供电设施的安装参与度甚少，甚至无权干涉，若据此以供电企业随意安装的计量装置位置确定产权分界点，必然有失公允，故供电企业对确定产权分界点的计量装置的安装必须符合电力行业标准。

二、用户产权线路段中老旧线路维护、管理义务主体的认定

《供电营业规则》第五十一条规定，在供电设施上发生事故引起的法律责任，按供电设施产权归属确定。产权归属于谁，谁就承担其拥有的供电设施上发生事故引起的法律责任。但产权所有者不承担受害者因违反安全或其他规章制度，擅自进入供电设施非安全区域内而发生事故引起的法律责任，以及在委托维护的供电设施上，因代理方维护不当所发生事故引起的法律责任。第六十一条规定，用户应定期进行电气设备和保护装置的检查、检修和试验，消除设备隐患，预防电气设备事故和误动作发生。用户电气设备危及人身和运行安全时，应立即检修。本案中，电力公司分公司与陈某1之间成立供用电合同关系，电力公司分公司作为供电人应当按照国家规定的供电质量标准和约定安全供电。供电人未按国家规定的供电质量标准和约定安全供电，造成用电人损失的，应当承担损害赔偿责任。案涉触电事故发生在原老旧线路，在电力公司分公司为陈某1开设用电户并架设输电线路时，该老旧线路已然存在。根据《中华人民

共和国电力法》第十九条第二款规定，电力企业应当对电力设施定期进行检修和维护，保证其正常运行。电力公司分公司在向陈某1输送电力时，将其架设的最后一根电杆接至原有老旧线路，但并未对原有老旧线路进行安全检测，因老旧线路中的电线上绝缘层老化磨损导致电线裸露从而引起金属拉线带电，应认定电力公司分公司在履行供用电合同的过程中，未按照国家规定的供电质量标准和约定尽到安全供电义务，故电力公司分公司应当对陈某1接触本应安全的金属拉线确因电线磨损而带电所产生的损害后果承担赔偿责任。电力公司分公司运用《供电营业规则》中以产权区分法律责任的规定，来直接适用本案损害结果的责任划分，忽视并脱离了损害结果发生的原因。据此可知，供电设施的管理、维护责任与产权之间并无必然关联。电力法中，电力企业应当对电力用户的用电情况进行电力检查，检查的内容包括电力设施相关的使用规范、安全规范等，该电力设施虽处于用户的产权段，但属于原老旧线路，农村电网改造中管理主体职责不明，但农村集体电力资产已按照国家规定交由供电企业管理，故供电公司应当对原有老旧线路的资产负有维修、管理义务，供电企业在明知该线路存在金属拉线断裂高危风险时，仍未采取切断该部分线路电源或安装相应的断电装置，放任该风险不予处置，具有一定过错。

三、低压供电设施致人损害赔偿主体的认定

"非高压电造成的人身损害赔偿应当适用《侵权责任法》第六条第一款"①，即适用过错责任原则。过错侵权责任构成需具备违法行为、损害事实、因果关系和主观过错四个要件，其中，违法行为是指"公民或法人违反法定义务，违反法律所禁止而实施的作为或不作为"②。不作为的侵权行为，应当以有作为义务的存在为前提，该前提可以基于合同约定，也可以基于法律规定。《中华人民共和国电力法》第十九条规定，确定了供电企业对电力设施有定期进行检修和维护的义务，其目的在于防范风险，要求供电企业尽到社会安全注

① 杨立新：《触电司法解释废止后的若干法律适用对策》，载《人民司法（应用）》2015年第1期。

② 杨立新：《侵权法论》，人民法院出版社2004年版，第140页。

意义务。本案中，供电企业虽不存在积极的侵权行为去促使损害后果的发生，但违反了其应当尽到的积极作为义务，当其不作为行为致发生一定的损害结果时，供电企业亦构成损害的赔偿主体。本案中，陈某1因接触带电金属拉线导致触电身亡，该损害后果发生的原因在于金属拉线带电及陈某1过于自信的接触行为。而正常情形下，金属拉线不应带电，接触金属拉线并不会导致触电事故。本案金属拉线带电的原因在于电线绝缘层老化磨损，致电线裸露进而引起横担带电，而该安全隐患的检修和维护的义务人是电力公司分公司，本案事故发生的主要原因在于本不应当带电的金属拉线因电线磨损长期接触带电，由安全的电力设施转变成为高危险的电力设施，故应当由电力公司分公司对本案事故产生的损害承担主要赔偿责任。

编写人：江苏省宿迁市中级人民法院　吴振环

十、因申请财产保全损害责任纠纷

30

申请财产保全错误的认定

——韦某 2 诉周某某申请财产保全损害责任案

【案件基本信息】

1. 裁判书字号

广西壮族自治区崇左市中级人民法院（2021）桂 14 民终 582 号民事判决书

2. 案由：申请财产保全损害责任纠纷

3. 当事人

原告（上诉人）：韦某 2

被告（被上诉人）：周某某

【基本案情】

2018 年 2 月 20 日，周某某驾驶搭载韦某 1 的二轮电动车与周某驾驶的小型普通客车（所有人为韦某 2）发生碰撞，之后又被同向在后驶来的黄某某驾驶的轻型普通货车碰撞，造成周某某、韦某 1 受伤及三车不同程度损害的道路交通事故。经交警部门作出事故认定，周某违法驾车承担事故的主要责任，黄某某违法驾车承担事故的次要责任，周某某、韦某 1 不承担事故责任。2018 年 4 月 3 日，周某某向宁明县人民法院申请诉前财产保全，请求对韦某 2 所有的小型普通客车进行查封并扣押。宁明县人民法院于2018年4月3日作出民事裁定书，依法查封并扣押韦某2所有的小型普通客车，停放于停车场。2018年5月3日，周某某在规定时间内向宁明县人民法院提起诉讼，要求周某、黄某某、韦某1、韦某2及相关保险公司连带赔偿因交通事故造成的各项经济损失。经崇左市中级人民法院终审判决，撤销一审法院宁明县人民法院（2018）桂1422民初543号民事判决，由相关保险公司和周某分别赔偿相应损失。

判决生效后，韦某2申请办理了领车手续并于2021年2月4日向宁明县人民法院提起诉讼，要求周某某赔偿因错误查封扣押其车辆造成的停车费、车辆维修费、拖车费、车辆贬值折旧费、交通费和误工费等损失共计24768元。

【案件焦点】

周某某申请诉前财产保全是否有错误。

【法院裁判要旨】

广西壮族自治区宁明县人民法院经审理认为：申请保全是当事人的诉讼权利，其目的是保护当事人的合法权益和保证将来人民法院生效裁判文书得以执行。周某驾驶韦某2所有的小型普通客车与周某某发生交通事故造成周某某受伤。事故经交警部门作出责任认定，周某承担事故的主要责任，案外人黄某某承担事故的次要责任，周某某与乘员韦某1不承担事故责任。周某某申请对韦某2所有的小型普通客车予以财产保全，并由周某妮以价值250000元的小型轿车为本次保全措施提供担保。系依法行使诉讼权利，具有正当性，且保全的对象亦是与本案所涉交通事故有关联。同时，周某某在法定期限内，依法提起民事诉讼。因任何案件在未经法院判决之前都是未定的结果，也不能仅以法院生效裁判所支持的具体金额作为判断周某某保全错误的标准。以现有证据不能认定周某某具有通过诉前保全来损害韦某2财产的故意或明显过失，亦无证据证明周某某有恶意保全的行为，周某某申请诉前财产保全并无过错，不应承担本案的民事责任，韦某2的诉讼请求于法无据。

广西壮族自治区宁明县人民法院依照《中华人民共和国民法典》第一千一

百六十五条,《中华人民共和国民事诉讼法》第六十四条,《最高人民法院关于适用〈中华人民共和国民事诉讼法〉的解释》第九十条之规定,判决如下:

驳回韦某 2 的诉讼请求。

韦某 2 不服一审判决,提起上诉。广西壮族自治区崇左市中级人民法院经审理认为:申请诉前财产保全是当事人的诉讼权利。关于本案是否存在申请错误的问题。关联的机动车交通事故案件中,生效判决确认韦某 2 对周某某不负赔偿责任。韦某 2 以不是责任赔偿人为由,主张周某某对其财产申请保全属于申请错误。但在人民法院裁决前,社会公众仅能依靠自身掌握的证据,按照一般人的认知来判断法律关系及责任承担,并基于该判断寻求司法救济。法不强人所难,不应当亦不能要求当事人在诉讼前作出的判断与法院审理结果完全一致。因此,本案是否属于申请错误,应当从一般人的认知来判断当事人主张的法律关系及责任主体是否妥当,而非依照法院终审裁决确定被申请人的责任承担与否。本案机动车交通事故发生后,周某某通过交警部门作出的《交通事故认定书》可以掌握如下信息:肇事者周某酒后驾驶韦某 2 所有的小型普通客车造成事故。从社会公众认知角度看,驾驶人不当驾驶时,车辆管理人很可能因管理不当负有赔偿责任,车辆所有人通常为车辆管理人。周某某基于车辆所有人为韦某 2 的事实,合理怀疑韦某 2 是车辆管理人并主张其对事故负有责任,由此申请保全小型普通客车。周某某的保全申请行为符合一般公众认知和判断,不属于申请错误。

关于周某某是否存在恶意保全的问题。韦某 2 主张周某某和韦某 2 是同村人,全村人(包括周某某)都知道韦某 2 将车辆借给韦某 1 使用,车辆管理人是韦某 1,周某某仍将韦某 2 列为被告并申请保全其财产,属于恶意保全。虽关联的机动车交通事故案中,法院查明车辆所有人韦某 2 将车辆出借给韦某 1 使用,事故发生时车辆实际管理人为借用人韦某 1,但没有证据显示,周某某在诉讼前知道本案车辆实际管理人是韦某 1,因此周某某根据常理推断车辆所有人为车辆管理人,将韦某 2 列为被告,符合常理。综上,周某某依法正当行使申请诉讼保全的权利,韦某 2 主张周某某申请错误及恶意保全,没有事实和法律依据。

广西壮族自治区崇左市中级人民法院依照《中华人民共和国民事诉讼法》第一百七十条第一款第一项之规定，判决如下：

驳回上诉，维持原判。

【法官后语】

《中华人民共和国民事诉讼法》第一百零四条第一款规定："利害关系人因情况紧急，不立即申请保全将会使其合法权益受到难以弥补的损害的，可以在提起诉讼或者申请仲裁前向被保全财产所在地、被申请人住所地或者对案件有管辖权的人民法院申请采取保全措施。申请人应当提供担保，不提供担保的，裁定驳回申请。"申请诉前财产保全是当事人的诉讼权利，是以保障诉讼当事人权利实现为目的的一种临时性司法强制措施。

《中华人民共和国民事诉讼法》第一百零八条规定："申请有错误的，申请人应当赔偿被申请人因保全所遭受的损失。"也就是说，当事人享有申请诉前财产保全的诉讼权利，但当事人应当依法合理行使该权利，申请错误，应当赔偿被申请人因保全所遭受的损失。

申请财产保全错误，实质上属于民事侵权行为，申请人应当承担过错责任。实践中，较为常见的是生效判决驳回申请人的诉讼请求后，被申请人主张申请人赔偿因财产保全申请错误造成的损失。但当事人申请财产保全措施，其诉讼请求是否最终获得生效裁判的支持，并不能作为判断财产保全申请是否错误的唯一依据。判断财产保全申请是否错误应从以下几个方面予以考量：(1) 申请人申请财产保全金额、执行标的、申请程序是否符合法律规定。(2) 申请人是否尽到合理注意义务。只要申请人基于现有事实和证据提出诉讼请求，并确实尽到了一个普通人的合理注意义务，即使法院判决最终没有支持或仅支持其部分诉讼请求，也不能认定财产保全申请有错误。(3) 申请人主观上是否存在过错，即申请人对申请财产保全措施是否存在故意或重大过失。需要注意的是：申请人诉讼请求被驳回，但其诉讼请求并非明显不能成立，该请求未能得到法院支持仅属于一般诉讼风险，并非恶意诉讼。

具体到本案中，在法院裁决前，社会公众仅能依靠自身掌握的证据，按照一般人的认知来判断法律关系及责任承担，并基于该判断寻求司法救济。本案机动车交通事故发生后，周某某通过交警部门作出的《交通事故认定书》可以掌握如下信息：肇事车辆系韦某2所有。从社会公众认知角度看，驾驶人不当驾驶时，车辆管理人很可能因管理不当负有赔偿责任，车辆所有人通常为车辆管理人。周某某基于车辆所有人为韦某2的事实，合理怀疑韦某2是车辆管理人并主张其对事故负有责任，符合一般公众认知和判断，尽到了一个普通人的合理注意义务，因此，周某某申请财产保全不属于申请错误。

法官提示，对于保全申请人而言，保全措施是把“双刃剑”，保全申请人切不可滥提保全请求。一是应本着最低限度降低对方的损害的原则申请保全；二是确保自身所提诉讼请求有起码的法律依据，不会属于明显缺乏依据，从而构成恶意诉讼；三是查封财产金额不应超过合理的诉讼请求对应的金额范围；四是保全对象、方式与手段与维护本诉请利益具有关联性和必要性，避免保全无关财产；五是诉请被驳回后，诉讼结束后，或相关威胁解除后，应及时解除查封措施，避免不合理地延长保全期限。

编写人：广西壮族自治区崇左市中级人民法院　农碧霞

31

因申请财产保全损害责任并不以案件败诉结果为构成要素

——房地产公司诉顾某某等因申请财产保全损害责任案

【案件基本信息】

1. 裁判书字号

广西壮族自治区高级人民法院（2022）桂民终667号民事判决书

2. 案由：因申请财产保全损害责任纠纷

3. 当事人

原告（上诉人）：房地产公司

被告（被上诉人）：顾某某、孙某某、林某某、保险公司

【基本案情】

顾某某、孙某某、林某某（以下简称顾某某等三人）是林某的亲属。林某与顾某进等人协商共同投资新农村项目，后林某死亡。顾某某等三人向玉林市中级人民法院提起合伙协议纠纷，要求房地产公司等支付投资款及利息等责任。诉讼中，顾某某等三人申请查封房地产公司的土地使用权，玉林市中级人民法院裁定查封了房地产公司的土地使用权。经审理后，一审法院判决驳回顾某某等三人的诉讼请求。三人不服判决，向广西壮族自治区高级人民法院提起上诉，该院认为应按照《中华人民共和国公司法》的有关规定，通过公司诉讼解决，顾某某等三人在案件中诉请终止合伙关系并进行合伙清算没有事实依据，从实体上维持了一审判决结果。房地产公司遂起诉主张因顾某某等三人申请保全行为导致其两年时间不能开发房地产，以及公司名誉遭受极大影响，要求各被告赔偿各项经济损失300万元。

【案件焦点】

因申请财产保全损害责任是否以案件败诉结果为前提。

【法院裁判要旨】

广西壮族自治区玉林市中级人民法院经审理认为：本案系因申请财产保全损害责任纠纷案。根据《中华人民共和国民事诉讼法》第一百零八条规定："申请有错误的，申请人应当赔偿被申请人因保全所遭受的损失。"财产保全侵权属于一般侵权，应以过错原则为归责原则。判断申请财产保全是否具有过错，应当考量申请人在申请保全时是否尽到了谨慎注意义务。顾某某等三人在申请财产保全时已尽到合理注意义务，财产保全数额以满足其权利实现为目的与限度，没有超标的查封、冻结财产的故意或过失。顾某某等三人确定诉请金额及

申请财产保全系依法行使诉讼权利，已尽到合理审慎义务，没有损害房地产公司权利的故意或者过失。虽然法院最终判决驳回顾某某等三人的诉讼请求，但其在提出起诉时不能预知裁判结果，故顾某某等三人不该因此而赔偿房地产公司的损失。

广西壮族自治区玉林市中级人民法院依照《中华人民共和国侵权责任法》第六条，《中华人民共和国民事诉讼法》第一百零八条，《最高人民法院关于适用〈中华人民共和国民法典〉时间效力的若干规定》第一条第二款之规定，判决如下：

驳回房地产公司的诉讼请求。

房地产公司不服一审判决，提出上诉。广西壮族自治区高级人民法院同意一审法院裁判意见。

广西壮族自治区高级人民法院依照《中华人民共和国民事诉讼法》第一百七十七条第一款第一项之规定，判决如下：

驳回上诉，维持原判。

【法官后语】

《中华人民共和国民事诉讼法》第一百零三条第一款规定：人民法院对于可能因当事人一方的行为或者其他原因，使判决难以执行或者造成当事人其他损害的案件，根据对方当事人的申请，可以裁定对其财产进行保全、责令其作出一定行为或者禁止其作出一定行为；当事人没有提出申请的，人民法院在必要时也可以裁定采取保全措施。第一百零八条规定：申请有错误的，申请人应当赔偿被申请人因保全所遭受的损失。上述两个条款相互呼应，既规定了申请财产保全属于当事人的诉讼权利，又明确了该项权利如造成损失则应承担相应的赔偿责任，以此平衡申请人与被申请人之间的利益冲突，对于滥用该项权利造成的损失，依法应承担相应的侵权赔偿责任。随着因申请财产保全损害责任纠纷案件的增多，对于该类案件的处理则存在不同的裁判理念，尤其是另案诉讼结果是否为构成申请财产保全损害的必要构成要件存在争议。

财产保全申请是当事人重要的诉讼权利，应在法律规定的框架内合理行使该项权利，基于诉讼保全的风险与利益共生，司法裁判结果应当树立正确的引导，以促进权利人谨慎合理的使用权利，同时也要抑制恶意利用。如何既鼓励当事人积极行使该项权利，又要兼顾被申请人一方的利益，需要通过司法实践中的判决去引导和规范。

回归到上述法律规定中关于“申请有错误”的认定，因该规定并未以概况或列举的方式予以明晰哪些情形构成，故实践中存在不同的理解。被申请人一方在提起保全损害责任时，均会以前案生效材料文书作为重要证据材料，有些法院也认为，前述判决结果诉讼请求未得到支持，则证明申请人一方存在过错，故构成申请有错误，该种处理方式属于以结果来倒推行为的推理方式，本身忽略了裁判结果的不确定性。前案判决结果当然可以作为证明保全审查存在错误的证据，但该证据的证明力较为薄弱，理由在于当事人在起诉时，法律并不要求其以专业法官的角度去判断认定事实和适用法律，在提出起诉时不能预知裁判结果，我们倾向于推定申请保全时的行为是申请人基于善意而为之。

因此，对于申请人的主观过错程度应以存在故意或重大过失为审查标准，此时对被申请人一方而言，其需要承担较高的证明标准，如申请人虚假诉讼恶意保全、虚增诉讼标的、故意隐瞒关键性的证据等。而对于一般过失责则不应视为申请存在错误，主要理由在于对于申请人的申请以及能否启动保全措施，取决于人民法院对该项申请进行审查后才能作出，故存在对于一般过失即构成侵权的阻却因素。

因当事人向法院申请财产保全，系必须经由人民法院作出审查后才能启动的司法措施，故对于是否属于因保全申请造成侵权，应适用一般过错责任原则，审查申请人一方有无故意或重大过失的主观过错，保全的行为是否直接造成被申请人一方的财产损害，保全行为与损害结果之间有无因果关系等方面进行认定和评判，而不应以前述判决结果应否得到支持为必要构成要件。

编写人：广西壮族自治区玉林市中级人民法院　蒋慧

32

申请财产保全错误损害赔偿责任，应当适用一般侵权责任过错归责原则

——郭某、建设公司诉科技公司、财产保险公司因申请财产保全损害责任案

【案件基本信息】

1. 裁判书字号

山东省淄博市中级人民法院（2021）鲁03民终3550号民事判决书

2. 案由：因申请财产保全损害责任纠纷

3. 当事人

原告（上诉人）：郭某、建设公司

被告（被上诉人）：科技公司、财产保险公司

【基本案情】

2020年6月11日，科技公司因与郭某、建设公司买卖合同纠纷向淄博市临淄区人民法院提起诉讼，并由财产保险公司出具保函向本院申请查封冻结郭某、建设公司银行账户存款1100000元。2020年6月15日，本院作出（2020）鲁0305民初3023号民事裁定书，查封郭某、建设公司多个银行账号，建设公司于2020年9月9日将中国农业银行的案涉开户账号足额打满1100000元后申请解封其他账户，该账户直至2020年12月10日才被解除查封措施。在（2020）鲁0305民初3023号案件审理过程中，科技公司主张郭某、建设公司支付剩余货款及相应经济损失，郭某、建设公司对货款数额予以认可，但认为该货款在2015年与科技公司及案外人建工公司对欠郭某项目部的工程款进行了抵顶，后

本案于2020年7月29日作出（2020）鲁0305民初3023号民事判决书，以科技公司的诉讼请求超出诉讼时效为由驳回其诉讼请求。科技公司提出上诉，郭某、建设公司提交郭某与许某1、王某某、许某2、王某的电话录音各一份、对账单一份等证据，淄博市中级人民法院于2020年12月5日作出（2020）鲁03民终3759号民事判决书，根据被上诉人的证据认定郭某、建设公司与科技公司及案外人建工公司存在抵顶事实，科技公司所诉涉及债权债务关系消灭。

原告郭某、建设公司认为被告科技公司错误保全原告银行账户的行为已经给原告造成资金周转损失，严重影响商誉。被告财产保险公司作为被告科技公司提起保全申请的担保人应当与被告科技公司共同承担赔偿责任。

【案件焦点】

被告对涉案保全行为应否承担赔偿责任。

【法院裁判要旨】

山东省淄博市临淄区人民法院经审理认为：《中华人民共和国民事诉讼法》第一百零八条规定："申请有错误的，申请人应当赔偿被申请人因保全所遭受的损失。"该条规定的申请保全错误赔偿责任属于一般侵权责任，以过错原则为归责原则。认定申请保全人是否有过错，不仅要看其诉讼请求是否得到支持，还要看其是否存在故意或重大过失。在人民法院没有对案件争议作出判断之前，科技公司基于自己对案件的理解，提出具有事实基础的诉讼请求，并申请保全，系正当行使诉讼权利。当事人的法律知识、举证能力、对法律关系的分析判断能力各不相同，对诉争事实和权利义务的判断与人民法院的专业判断之间较难实现一致。由此，科技公司未立即撤回对郭某、建设公司的起诉并申请解除保全，不足以证明科技公司存在侵权的故意或者过失。故原告的诉求，证据不足，不予支持。

山东省淄博市临淄区人民法院依据《中华人民共和国民事诉讼法》第六十四条、第一百零五条、第一百四十四条之规定，判决如下：

驳回郭某、建设公司的诉讼请求。

郭某、建设公司不服一审判决，提起上诉。山东省淄博市中级人民法院经审理认为：本案的争议焦点是上诉人关于被上诉人保全错误给其造成损失的主张应否予以支持。《中华人民共和国民事诉讼法》第一百零八条规定：“申请有错误的，申请人应当赔偿被申请人因保全所遭受的损失。”被申请人是否有经济损失的存在，根据“谁主张，谁举证”的原则，上诉人应当对其遭受损失情况承担举证责任。本案中，上诉人主张的经济损失为资金利息损失，而上诉人在银行的存款被冻结后银行仍会给予利息，不会发生利息损失的问题。上诉人亦未提供因资金冻结，造成资金紧张，为维持正常的生产经营取得新贷款与冻结款项利息之间存在差额或存在其他损失的证据。上诉人主张存在经济损失的证据不足。上诉人以资金冻结期间按全国同期银行间同业拆借中心公布的贷款市场报价利率上浮50%计算经济损失，于法无据，不予支持。综上所述，郭某、建设公司的上诉请求不能成立，应予驳回。

山东省淄博市中级人民法院依照《中华人民共和国民事诉讼法》第一百七十条第一款第一项之规定，判决如下：

驳回上诉，维持原判。

【法官后语】

人民法院在审查因申请财产保全损害责任纠纷案件时，对于申请人是否对财产保全错误存在过错的认定，应当根据申请人的诉讼请求及所依据的事实和理由着重审查其提起的诉讼是否合理，根据其申请保全的金额与其掌握的证据是否基本相当、是否是为了保证裁判的执行、保全的对象是否属于权属有争议的标的物、案外人与被申请人之间是否存在关联或者案外人自身是否存在过错等因素着重审查其申请财产保全是否适当。此外，由于财产保全是一个持续性的行为，因此，对于申请人是否有过错的审查，还应着眼于整个财产保全期间，对其中的重要时间节点予以关注，既要审查申请人在申请财产保全时是否具有正当的权利基础，以及是否已尽到合理的注意义务，也要审查在财产保全期间申请人是否审慎对待保全行为，是否在出现足以认定构成保全错误等情形时仍不及时申请解除保全以防止损害被申请人的合法权益等，在此基础上综合认定申请人构成过错的时间点。

在审查申请保全人是否存在过错时，既要审查在采取保全措施时，申请保全人是否存在过错，也要审查在保全措施存续过程中，申请保全人是否审慎对待保全行为，是否在出现足以认定构成保全错误等情形时仍不及时申请解除保全导致被申请人的合法权益受损。

在审查财产保全措施时，申请保全人是否存在故意或重大过失，不能仅以申请人的诉讼请求未得到支持为充分条件，即仅以诉讼请求未获支持就认为保全存在错误，还需要结合其提起的诉讼以及保全对象是否合理，是否基于合理的认知，尽到了一般人的注意义务，并结合申请保全的标的额、方式等进行审查。

财产保全行为错误与损失之间是否存在因果关系，需要考虑市场因素导致的价值波动等客观因素以及保全行为是否阻碍了被保全人行使处分权。

从立法本意上看，《中华人民共和国民事诉讼法》第一百零八条系为防止当事人滥用诉讼权利，不当损害他人合法权益而作出的规定。司法实践中，财产保全的申请人对自身权利的衡量与人民法院最终认定之间存在差异，当事人认为合理的诉请不为人民法院认定所支持的情况并不鲜见，将上述法律规定认定为《中华人民共和国民法典》第一千一百六十六条规定的无过错责任，在申请人败诉的情况下，即认为构成“申请有错误”，并一概要求申请人承担申请财产保全错误的赔偿责任，不符合《中华人民共和国民事诉讼法》第一百零八条的立法本意。

因此，法律规定的申请财产保全错误损害赔偿责任，应当适用一般侵权责任过错归责原则，而不能仅依据裁判结果来认定责任的成立与否。

编写人：山东省淄博市临淄区人民法院　张志红　汪兰

33

败诉不属于认定保全申请错误的标准

——濮某诉某银行因申请财产保全损害责任案

【案件基本信息】

1. 裁判书字号

云南省昆明市五华区人民法院（2022）云0102民初6861号民事判决书

2. 案由：因申请财产保全损害责任纠纷

3. 当事人

原告：濮某

被告：某银行

【基本案情】

原告濮某于2013年向被告某银行申请住房按揭贷款，双方签订合同约定了以所按揭购买的房屋作为抵押物，原告于2013年取得了案涉房屋的产权登记证书。

2014年，原告濮某与案外人马某登记结婚，双方于2020年离婚。婚姻关系存续期间，2020年，案外人马某作为被告某银行的员工，涉嫌盗窃他人财物被判处有期徒刑、罚金刑并追缴涉案赃款，马某的罚金由濮某缴纳，涉案赃款则由某银行垫付给受害人，后某银行起诉要求马某偿还垫付款，同时以马某盗窃的款项流向了濮某账户用于购置房产为由也起诉了濮某。

在某银行起诉马某偿还垫付款的案件中，某银行申请财产保全，法院查封了马某的妻子即濮某名下的前述案涉房屋。后濮某提供现金作为担保变更了保全标的物，就案涉房屋买卖事宜与案外人签订房屋转让预约合同。次年濮某再次申请变更保全标的物为案涉房屋。某银行起诉马某和濮某的案件最终法院判决驳回了某银行对濮某的诉讼请求。濮某申请解除财产保全，法院裁定解除。

【案件焦点】

败诉是否就能认定为申请财产保全有错误。

【法院裁判要旨】

云南省昆明市五华区人民法院经审理认为：诉讼保全是法律赋予当事人的一项基本诉讼权利，有利于保障生效判决得到执行或避免财产遭受损失。某银行起诉马某及濮某申请诉讼保全，以其替马某向受害人归还了被盗的款项以及马某与濮某系夫妻关系，盗窃资金流入濮某账户的理由，请求濮某与马某共同偿还本案某银行垫付的款项，经审理后法院认为某银行没有证据证明马某所盗窃的款项用于马某与濮某的家庭支出，故驳回某银行要求濮某承担还款责任的诉请。

首先，某银行的保全行为不具有违法性，某银行按照法律规定向人民法院申请保全，濮某认为案涉房屋价值超过了某银行主张的债权，但因为案涉房屋不具有可分割性，故法院根据某银行申请进行全屋查封并无不妥，濮某亦未按照相关法律规定对保全裁定申请复议。其次，某银行并无明显主观过错，某银行起诉濮某及申请保全系基于濮某与马某存在婚姻关系，以及濮某与马某之间存在财产往来等客观事实的合理信赖，虽然已生效民事判决书未支持某银行要求濮某承担还款责任的诉请，但申请是否有错误，不能仅依据裁判结果来认定，裁判结果未支持某银行对濮某的另案诉请并不能推定出某银行在诉讼中申请对案涉房屋进行保全存在过错。最后，濮某并无证据证明其损害结果与某银行保全行为之间存在因果关系，濮某主张其所有的案涉房屋因保全无法出售从而导致其损失，但濮某在签订房屋转让预约合同时案涉房屋已经因濮某申请变更保全标的物而解除查封，濮某并无证据证明房屋无法交易系因存在保全。综上，某银行的财产保全申请符合法律规定，其没有通过财产保全侵害濮某权益的故意和重大过失，濮某现有证据不能证明某银行的行为导致其损失，濮某应承担举证不能的法律后果。

云南省昆明市五华区人民法院依照《中华人民共和国民事诉讼法》第六十七条第一款、第一百二十一条之规定，判决如下：

驳回原告濮某的全部诉讼请求。

判决后，双方当事人均未上诉，本判决现已生效。

【法官后语】

因申请行为保全损害责任为一般侵权，侵权责任归责原则是过错原则。《中华人民共和国民法典》第一千一百六十五条第一款规定，行为人因过错侵害他人民事权益造成损害的，应当承担侵权责任。在此，过错责任原则是以过错作为价值判断标准，判断行为人对其造成损害应否承担侵权责任，在一般侵权行为引起的损害赔偿案件中，应当由主观上有过错的一方承担赔偿责任。衡量主观过错是否具有过失的标准为一般注意义务，即一般人对于损害发生原有预见的可能，只是由于自身原因导致违反了该注意义务。

因申请行为保全损害责任纠纷是指因当事人在诉讼过程中，或者利害关系人在诉讼前，申请人民法院采取行为保全措施错误，或者在申请诉前行为保全后未依照法律规定提起诉讼，造成被保全人财产损失而引起的纠纷。根据《中华人民共和国民事诉讼法》的规定，人民法院对于可能因当事人一方的行为或者其他原因，使判决难以执行或者造成当事人其他损害的案件，根据对方当事人的申请，可以裁定责令其作出一定行为或者禁止其作出一定行为。利害关系人在情况紧急时，可以在提供担保的前提下于起诉或者申请仲裁前申请行为保全，但诉前行为保全的申请人应当在30日内提起诉讼。基于申请人的申请和担保，人民法院采取行为保全措施后，申请的一方当事人败诉或者诉前行为保全申请人在30日内起诉但败诉的，其应当承担由于行为保全申请不当而给被保全人造成的损失。如果诉前行为保全申请人在30日内未提起诉讼，人民法院应当解除保全措施，申请人也应当对其保全措施给被保全人造成的损失承担赔偿责任。

申请人应当赔偿被申请人因保全所遭受的损失的前提条件是“申请有错误”。实践中，因申请行为保全损害责任纠纷多为诉讼保全申请因败诉或诉讼请求未获支持，保全被申请人向法院请求保全申请人承担损害赔偿责任案件。虽然诉讼结果可作为判定“申请有错误”的标准之一，但是除以诉讼结果作为参照标准外，还应当考虑“保全的对象是否属于权属有争议的标的物”“被申请人是否存在损失”“是否为了保证判决的执行等因素予以考虑”。如果仅仅因为申请人未能获得胜诉的判决结果而被认定“申请有错误”而承担责任，会导致当事人在诉讼前或诉讼中的申请诉讼财产保全违背财产保全制度设置的目的和意义，故不宜以诉讼结果作为“申请有错误”承担责任的参照标准。

申请人在申请保全时应当尽到审慎审查义务。申请人囿于客观事实认知、举证能力、法律关系的判断不同，其主张的事实不一定能够得到人民法院的支持，因此申请人的审慎审查义务只要达到一般人的注意义务即可，只要没有证据证明申请人的诉讼以及保全行为有客观理由，不存在滥用保全措施的情况，就应当推定申请人主观为善意，即主观不存在过错。人民法院在认定“申请有错误”时应当审查申请人主观上是否具有存在故意或重大过失，这时应该考虑财产保全申请人是否尽到以下一般注意义务：一是申请保全的财产只能是当事人的财产，或者涉诉的财产，对于有初步证据表明存在夫妻共同财产的可以进行保全，但是否属于夫妻一方的财产则需要被申请人抗辩。二是申请保全的金额不应当明显超过诉讼请求的金额，但是对于不可分割的财产可以进行保全，即使价值超过诉讼请求的金额也可以进行保全。三是申请的保全措施要合理，即在满足财产保全目的的同时，避免给被保全人造成不必要的损失，这要求提起诉前财产保全的及时提起诉讼，败诉的及时申请解除保全。可以从这三种注意义务考量申请人主观上是否存在故意或重大过失。

《中华人民共和国民法典》第一千一百六十五条将损害结果作为过错侵权责任的必要条件之一，就经济利益而言，这种损害结果包括直接损失、间接损失和纯粹性经济损失。间接损失是未来的可得利益损失，为被侵权时可以预见的损失，如果没有侵权的发生必然会得到该利益。而纯粹性经济损失是指因侵权遭受了财产上的不利益，这种不利益是无形的，如无法继续完成交易造成的机会损失等单纯经济损失。财产被保全期间造成的损失，如果认定了保全申请有错误，导致的以上损失，都应当考虑予以赔偿。

编写人：云南省昆明市五华区人民法院　朱娟

十一、其他

34

强降雨天气导致私家车被水泡受损，私家车车主、物业公司的责任承担问题

——陈某某诉物业服务公司等财产损害赔偿案

【案件基本信息】

1. 裁判书字号

广西壮族自治区柳州市中级人民法院（2022）桂02民终3577号民事判决书

2. 案由：财产损害赔偿纠纷

3. 当事人

原告（上诉人）：陈某某

被告（被上诉人）：物业服务公司

被告：房地产开发公司、某市政设施维护管理处

【基本案情】

陈某某于2016年9月购买了房地产开发公司开发的某商住楼1栋1单元某号房屋，该商住楼已于2002年8月22日通过勘察、设计、施工、监理、建设五单位验收合格，并于2002年10月25日在柳州市房屋建筑工程和市政设施工

程竣工验收部门备案。陈某某于 2021 年 5 月购买车牌号码为桂 B××的宝马牌小型轿车，并将该轿车停放在其租用的上述商住楼地下停车场车位上。物业服务公司是该商住楼小区及商住楼地下停车场的物业服务企业，陈某某向该物业公司交纳了 2021 年 2 月至 8 月的物业服务费、车位服务费。根据某新闻网 2012 年 5 月 14 日的新闻内容显示，案涉地下停车场于 2012 年 5 月 13 日曾发生过内涝，积水高度将近腰部，在最低洼区域积水甚至近 2 米高。2021 年 6 月 30 日凌晨 4 时起，某市某区出现 60 毫米的强降雨天气。根据某市气象台 2021 年 6 月 30 日 6 时更新发布的暴雨红色预警信号显示：预计未来 3 小时内柳州市区仍将有 40 毫米至 60 毫米的降雨，城区积水涝气象风险很大。该次强降雨导致陈某某停放在案涉商住楼地下停车场的车辆被雨水浸泡，陈某某为此支付修车费 66870 元，索赔未果后，诉至法院，要求物业服务公司赔偿车辆维修费 66870 元并支付相应的资金占用利息损失，房地产开发公司、某市政设施维护管理处对物业服务公司的上述债务承担连带赔偿责任。

【案件焦点】

物业服务公司和车主陈某某是否对案涉车辆受损承担责任以及双方责任如何划分。

【法院裁判要旨】

广西壮族自治区柳州市柳南区人民法院经审理认为：物业服务公司作为物业服务企业，对案涉小区停车场具有日常维护的义务，亦对陈某某停放在地下停车场的车辆负有管理责任。虽然事发当日出现的强降雨天气是不可避免的自然现象，但是由于此前该小区地下停车场曾经发生过严重内涝，故物业服务公司应最大限度地尽到注意义务和提醒义务。本案中，物业服务公司未能及时关注气象部门的天气预报，没能提前做好防范措施，在暴雨前也没有向陈某某发出过预警，亦无证据显示在暴雨来临之初，物业服务公司通过电话、上门联系等方式及时通知过陈某某，因此物业服务公司对地下停车场未能尽到应有的注意义务和管理责任，应当对陈某某车辆被浸泡而导致的财产损失承担相应的赔偿责任。考虑到陈某某在发现雨水浸没到车轮一半高度的时候，并没有采取积极有效的措施将车辆挪到安全地带，亦应承担相应的责任。根据本案实际情况以及陈某某、物业服务公司各自的过错程度，酌情按照物业服务公司承担70%，陈某某承担30%的责任比例来分配相应的民事责任。

广西壮族自治区柳州市柳南区人民法院依照《中华人民共和国民法典》第一百七十九条第一款第八项、第一千一百六十五条第一款，《最高人民法院关于适用〈中华人民共和国民事诉讼法〉的解释》第九十条之规定，判决如下：

一、物业服务公司向陈某某赔偿财产损失46809元；

二、驳回陈某某的其他诉讼请求。

陈某某不服一审判决，提出上诉。广西壮族自治区柳州市中级人民法院经审理认为：在夏季暴雨频繁的季节，物业公司作为管理人平时应对地下车库的挡水、排水、防渗漏等方面做好相应防范，并应在有危险发生可能时及时通知业主将车辆等财物移出车库，以避免损失的发生及扩大。如一审所述，物业服务公司对损失的发生具有较大过错，应承担70%的赔偿责任。陈某某作为案涉车主对其所有的财产负有保管和安全保障的义务。其未能及时关注气象部门的天气预报将案涉车辆停在本就存在内涝风险的地下车库。暴雨当天其亦在家但未能采取有效措施，避免或减少损害产生，亦存在一定的过错，对所造成的损失应承担30%的责任。

广西壮族自治区柳州市中级人民法院依照《中华人民共和国民事诉讼法》第一百七十七条第一款第一项之规定，判决如下：

驳回上诉，维持原判。

【法官后语】

本案系因停在案涉小区地下停车场的车辆被雨水浸泡而导致财产损害赔偿纠纷的典型案例，案件争议焦点主要在于财产损害赔偿责任由谁承担，怎么承担的问题。车主往往依据物业服务合同向物业公司主张权利撇清责任；物业公司又常以强降雨属于不可抗力、已尽到相关义务等作为抗辩理由。下文将从三个方面阐述审理该类案件的三个考量因素以便厘清物业公司及车主的责任问题。

第一，关于强降雨天气是否构成不可抗力的考量。《中华人民共和国民法典》第一百八十条规定："因不可抗力不能履行民事义务的，不承担民事责任。法律另有规定的，依照其规定。不可抗力是不能预见、不能避免且不能克服的客观情况。"自然灾害是典型的不可抗力现象，但并非所有的自然灾害都能作为不可抗力而成为免责理由。强降雨天气是否属于不可抗力，需要同时满足上述法律规定的三个条件。关于不能预见，如尽管气象局不断发布强降水通知，但是实际的降水量还是远远超过预计的降水量；关于不能避免并不能克服，即当事人已经尽到最大努力和采取一切可以采取的措施，仍不能避免某种事件的发生或克服事件所造成的损害结果。强降雨之于车辆被水泡是否构成不可抗力，还需要结合具体案情考查各方当事人是否尽到最大努力，采取一切可以采取的措施避免车辆被水泡，而损害后果仍然发生。

第二，物业公司是否尽到审慎注意义务及管理责任的考量。特大暴雨本身属于一种外来因素，但在下雨过程中，物业公司作为专业的物业管理部门，对雨季可能发生的危及业主利益的情形应当可以预见的，物业公司能够预见而由于疏忽没有预见，或者是未尽最大努力加以防止或避免损失的产生、扩大，属于未尽到审慎注意义务和管理责任。作为提供物业服务的物业公司，对于地下车库车辆被水泡的问题，应履行的义务主要包括：日常暴雨预报和提醒义务；对管辖范围内的特定对象将遭受侵害有所预知并制作相关应急预案，有事前通知相关业主的义务；发现车库进水后应及时采取排水、拖车等合理、有效的措施，有事后及时补救的义务。本案中，现有证据不足以证明物业服务公司尽到了合理的审慎注意义务及管理责任，对损害的发生具有较大过错，应承担主要责任。

第三，车主是否尽到管理责任的考量。每个人都是自己财产的第一责任人，车主向物业公司交纳管理费后对自己所有的财产仍应负有一定的管理责任。在雨季来临时，车主应当密切关注天气预报，提前知晓天气状况，注意避免选择存在高风险的地下车库等位置停放车辆，车辆停放后仍应持续关注天气情况，提高警惕并及时查看，在风险来临前及时转移车辆以减少可能发生的损失。本案中，作为车辆的所有人，陈某某应当预见到在气象部门已发布暴雨预警情况下，车辆停放在曾出现过内涝的地下车库可能被水泡，暴雨当天其亦在家具有应对风险的便利条件，但其在较长的下雨时间内未能及时将车辆挪至安全地带，亦具有过错，应承担次要责任。

编写人：广西壮族自治区柳州市中级人民法院　何蓉

35

财产损害赔偿案件中多个法律关系并案审理的探讨

——黄甲诉物业管理公司等财产损害赔偿案

【案件基本信息】

1. 裁判书字号

四川省宜宾市中级人民法院（2023）川15民终488号民事判决书

2. 案由：财产损害赔偿纠纷

3. 当事人

原告（被上诉人）：黄甲

被告（上诉人）：物业管理公司、黄乙、陈甲、陈乙、张某、王某

【基本案情】

黄甲系某小区B区7号楼14-3号房屋业主，其所在小区的物业公司系被告物业管理公司。原告黄甲对14-3号房屋进行装修后暂未入住，并交由亲戚予以管理。2021年12月19日下午，7-13-3号业主房屋反映位于楼上的黄甲房屋卫生间、阳台浸水，物业管理公司遂联系原告黄甲，并安排人员上门查看。经排查，反水原因为13楼到14楼的主卫螺旋三通处管道堵塞。物业管理公司立即安排人员和工具对黄甲房屋进行了清理和打扫，并对堵塞处予以疏通。2022年3月13日，黄甲委托建材销售公司对房屋返修进行测算，测算价格为

98835.85 元。因赔偿事宜协商未果，黄甲将 14 层以上的住户及物业公司列为被告，要求六被告连带赔偿其房屋被粪水浸泡损失 98835.85 元。

【案件焦点】

1. 黄甲的损失如何确定；2. 承担赔偿责任的主体及承担责任比例如何确定。

【法院裁判要旨】

四川省兴文县人民法院经审理认为：第一，关于黄甲的具体损失问题。价格评估公司是法院依黄甲申请、并组织双方当事人共同选择确定的鉴定机构，虽黄乙、陈甲认为现场勘验时未将卧室套门算入损失范围内，但评估报告中予以计算，存在矛盾，但根据《价格评估报告书》第 15 页“（四）卧室套装门现场暂未发现有开裂、发霉现象，但下部触感很湿润，参照客卫门套的实际情况并通过查询相关案例调查分析，被水浸泡部位未来可能出现开裂、发霉、局部脱皮、起翘等情况，本次评估纳入了评估范围，在此提醒报告使用人注意”的特别说明，该评估结果应予采信，黄甲房屋损失为 38680 元。

第二，关于承担赔偿责任的主体及承担责任比例的问题。黄甲房屋因排污管道堵塞导致污水、杂物从主卫马桶倒溢，造成屋内装修、家具被浸泡，经排查，已确定堵塞点为 13 楼到 14 楼主卫螺旋三通处。案涉排污管道虽为公共管道，但因位于业主房屋内，并不利于物业公司时常进行排查和疏通，物业管理公司在接到反映后已及时联系黄甲，并安排人员进行清理和疏通，应认定其采取措施及时有效。但案涉楼栋为近 30 层的高层住宅，且处于新交付阶段，在业主集中接房装修后易发生类似情况，物业管理公司应加强提示警醒等预防工作，最大限度地避免或减少类似情况发生。但自 21-3 号房屋业主主卫未置放垃圾篓的情况可以看出，物业管理公司未做到有效巡查、提示。另外，其在事发后直接采用电动疏通器对堵塞点进行疏通，导致无法判断是否存在其他堵塞物及具体堵塞原因，客观上给原告取证造成一定困难，物业管理公司在风险防范及事后处置上仍有欠缺，故确定由物业管理公司对原告的损害后果承担 20%的责任即 7736 元。堵塞管道为公共排污管道，分段铺设在整栋楼各位业主房屋内，原告举证能力有限，未提供确切的证据对楼上业主实施的侵权行为予以证明，但堵塞点位于管道内部，除被告业主主卫排水口外，并无其他外界因素可以介入，被告业主均有存在丢弃、遗留异物导致管道堵塞的可能性，根据《中华人民共和国民法典》第二百九十六条“不动产权利人因用水、排水、通行、铺设管线等利用相邻不动产的，应当尽量避免对相邻不动产权利人造成损害”的规定，确认由被告业主以户为单位各承担 10%的责任即 3868 元。堵塞点位于原告楼下，不排除原告自身不当使用行为导致管道堵塞的可能，且原告作为案涉房屋业主，对自己的房屋负有审慎的管理、维护义务，原告虽委托亲戚对房屋进行照看，但从现场浸泡情况来看，原告方此前应有相当一段时间未予照看、使用，原告对于损失的扩大存在明显过错，故确认由原告承担自身损失的 50%。原告支付的鉴定费 5564 元系原告为主张权利所支付的必要开支，应由双方当事人按责任比例予以分担，即物业管理公司承担 1112. 8 元，被告业主各承担 556. 4 元。

四川省兴文县人民法院依照《中华人民共和国民法典》第二百九十六条之规定，判决如下：

一、被告物业管理公司于判决生效之日起五日内赔偿黄甲 8848. 8 元；

二、黄乙、陈甲于判决生效之日起五日内赔偿黄甲 4424. 4 元；

三、陈乙、张某于判决生效之日起五日内赔偿黄甲 4424. 4 元；

四、王某于判决生效之日起五日内赔偿黄甲 4424. 4 元；

五、驳回黄甲的其他诉讼请求。

物业管理公司、各被告业主不服一审判决，提起上诉。四川省宜宾市中级人民法院经审理认为：本案的争议焦点为（1）楼上业主是否应当承担责任；（2）物业公司对黄甲的损失是否应当承担责任；（3）一审划分的责任是否恰当。

关于楼上业主是否应当承担责任的问题。本案涉案下水管道属于业主共用管道，现因为该下水管道堵塞导致污水、杂物从黄某某家主卫马桶倒溢至屋内，造成屋内装修、家具被浸泡，造成这一后果的原因系堵塞部位以上的住户不当使用所致，但具体是哪家或哪几家住户导致的堵塞无法确定，但都具有可能性。根据《中华人民共和国民法典》第一千一百七十条“二人以上实施危及他人人身、财产安全的行为，其中一人或者数人的行为造成他人损害，能够确定具体侵权人的，由侵权人承担责任；不能确定具体侵权人的，行为人承担连带责任”之规定，本案属于共同危险行为导致的财产损害，不能举证证明其未实施侵权行为的楼上业主则应当承担相应的民事责任。故楼上业主不能证明自己未居住使用该管道的，均应承担侵权责任。关于上诉人提出堵塞原因可能系黄甲装修时自行改变排污管道的抗辩，与本案堵塞情况偶发且案发至今未再堵塞的客观事实不相符。

关于物业公司是否应当承担责任的问题。根据《中华人民共和国民法典》第九百四十二条之规定及《前期物业管理服务协议》第三条约定，业主共用的上下水管道属于物业公司进行维护和管理的对象。本案发生污水、污物倒溢的排污管道即属于该楼栋业主共用的上下水管道，应当属于物业管理公司进行维护和管理的对象。物业公司未按合同约定履行其合同义务，从而造成黄甲家室内污水返溢。根据《中华人民共和国民法典》第五百七十七条之规定，物业公司违反了合同约定，对此造成的黄甲的合理损失，应当根据《前期物业管理服务协议》第九条约定承担相应违约责任。

关于一审责任划分是否恰当的问题，二审法院同意一审法院裁判意见。另外，黄甲以财产损害赔偿为由诉请楼上业主和物业公司承担责任，虽然二者系因不同民事法律行为而承担相应责任，但是都应对黄甲的受损后果承担责任，故一审法院根据黄甲的诉请和查明的事实作出的责任划分并无不当。综上所述，上诉人物业管理公司、黄乙、陈甲、陈乙、张某、王某的上诉请求均不能成立，应予驳回；一审判决认定事实清楚，适用法律错误，但是判决适当，本院予以维持。

四川省宜宾市中级人民法院依照《中华人民共和国民法典》第五百七十七条、第一千一百七十条，《中华人民共和国民事诉讼法》第一百七十七条第一款第一项之规定，判决如下：

驳回上诉，维持原判。

【法官后语】

因下水道堵塞返溢造成财产损失而引发的纠纷时有发生，经常因无法确定侵权人、责任不明确而使相关利害关系人相互推诿。此类案件一般都会涉及相邻业主及物业管理公司，对受害人而言，其很难弄清或者举证证明堵塞的原因以及由此产生的责任由谁承担，而通常选择将所有相关的人员及单位均列为被告。此类诉讼方式是否属于诉讼不明确、在同一诉讼中能否基于不同法律关系请求被告承担责任值得探讨。法院受理后，如因不能分清责任而判决驳回原告的诉讼请求或相关单位和人员承担连带赔偿责任，都不能彻底解决问题，反而会使矛盾在另一个层面继续存在。

一、基于多个法律关系均被列为被告的财产损害赔偿案件能否在一案中裁判

本案中，物业管理公司系基于物业服务合同关系承担违约责任，各被告业主系基于共同危险行为承担侵权责任，两者是否能在一案中进行审判？虽然原告将相关人员及单位均列为被告让法院进行责任认定会使诉讼程序更加烦琐，但若受害人仅盲目起诉一方，其将承担更大的诉讼风险，且若仅物业公司承担责任，而物业公司基于合同关系承担全部责任后，能否向其他共同危险行为人追偿尚不明确，法院的判决有可能只是将矛盾暂时转移。因此，虽然本案中物业管理公司是基于物业服务合同关系、各被告业主系基于共同危险行为承担责任，但应当允许原告以多个相关人员和单位为被告主张权利，各被告为了免责，均能积极应诉，陈述事实并举证，法院通过勘验、鉴定、证据审查认定等途径充分发挥事实调查的职能，依据不同法律关系，合理分配举证责任，判令各被告承担相应责任。

值得注意的是，本案中，一审法院依据《中华人民共和国民法典》第二百九十六条关于使用相邻不动产避免造成损害的规定判令各被告业主承担责任，二审法院认为返溢造成财产损失后果的原因系堵塞部位以上的住户不当使用所致，但具体是哪家或哪几家住户导致的堵塞无法确定，但都具有可能性，此系共同危险行为造成的财产损失，承担的是侵权责任。笔者认可二审法院的裁判

意见，《中华人民共和国民法典》第二百九十六条规定系不动产权利人为相邻不动产权利人因用水、排水等而使用自己的不动产负容忍义务的同时，使用一方在行使这种权利时，还需兼顾公共利益和他人的合法权益，其对应的是不动产权利人的容忍义务，本案并非因使用相邻不动产造成的损害。

二、共同危险行为造成财产损害承担何种责任

根据《中华人民共和国民法典》第一千一百七十条“二人以上实施危及他人人身、财产安全的行为，其中一人或者数人的行为造成他人损害，能够确定具体侵权人的，由侵权人承担责任；不能确定具体侵权人的，行为人承担连带责任”之规定，在不能确定具体侵权人的情况下，承担的是连带责任。而本案中，一审法院判令由案涉楼上业主以户为单位各承担10%的责任，明确具体赔偿数额，二审法院予以维持，并非认定承担连带责任。笔者认为，案涉损害后果的产生虽不能确定各被告业主的责任大小、侵权责任人并不明确，但均有可能，系累加因果关系造成的共同危险行为，若直接判令各被告业主承担连带责任，会造成事后责任分担及追偿问题，不仅不利于问题解决，还可能会衍生出其他案件。本案中，明确各被告业主承担责任的具体比例，能够兼顾公平合理原则，避免循环追偿问题。

综上，虽然二审法院维持了一审法院裁判结果，但基层法院在法律理解适用上仍存在差距，且根据法律规定，在责任承担方式上仍有考量余地，需要综合案件情况兼顾公平原则。此类案件在社会生活中频发，此案的裁判对同一裁判尺度具有一定的参考价值。

编写人：四川省兴文县人民法院　刘燕

36

合理的民事自助行为不构成侵权

——潘甲诉潘乙财产损害赔偿案

【案件基本信息】

1. 裁判书字号

江苏省盐城市中级人民法院（2023）苏09民终748号民事判决书

2. 案由：财产损害赔偿纠纷

3. 当事人

原告（上诉人）：潘甲

被告（被上诉人）：潘乙

【基本案情】

原告潘甲与被告潘乙系邻居关系。原告潘甲家厨房东山墙与被告潘乙房屋西山墙相邻，中间有宽约半米的公巷。原告潘甲家厨房共两层楼，其在东山墙外侧二楼地面高度处浇筑了一个水泥顶，一直向外延伸至与被告潘乙房屋西山墙相接，同时在公巷两侧砌了两堵砖墙，将公巷封闭了起来。原告潘甲在自家厨房东山墙开了一道门进出公巷，平时在公巷里堆积柴草及其他杂物。

2016年，原告潘甲的厨房失火。2018年12月23日，原告潘甲家厨房再次失火，火势蔓延到公巷，将堆积在公巷中的柴草点燃，导致被告潘乙家电线被烧坏。当日，被告潘乙将原告潘甲厨房南墙外侧上方的水泥顶敲坏，几天后，又将公巷两侧的砖墙推倒。后双方为此多次发生争执并报警处理，但均未能化解矛盾。

【案件焦点】

1. 被告潘乙敲墙的行为是否构成民事自助行为；2. 被告潘乙敲墙是否超出必要限度。

【法院裁判要旨】

江苏省盐城市盐都区人民法院经审理认为：不动产的相邻权利人应当按照有利于生产、方便生活、团结互助、公平合理的原则，正确处理相邻关系。本案中，潘乙提交了建房申请表、宅基地报批表、不动产权证等材料，证明其房屋与潘甲的房屋东山墙交界处有宽约 70 公分的公巷。根据现场照片，该公巷确实存在。潘甲在公巷上方浇筑水泥平台，在公巷两侧堆砌砖墙，将公巷封闭起来。潘甲未能举证证明该行为经过了相关部门的批准，同时该行为也侵害了潘乙使用公巷的权利。不动产权利人挖掘土地、建造建筑物、铺设管线以及安装设备等，不得危及相邻不动产的安全。潘甲家的厨房多次失火，因公巷被水泥平台、砖墙封闭，导致火灾无法被迅速扑灭，火势蔓延至潘乙的房屋，给潘乙的财产造成了损失。潘甲建造水泥平台、砖墙的行为，产生了重大的消防隐患，影响了潘乙房屋的安全。潘乙在火灾后破坏水泥平台、砖墙系基于维护自身安全的考虑，且未超过合理的限度。综上，本院认为，潘乙破坏潘甲未经批准所建造的水泥平台、砖墙的行为，符合民事自助行为的构成要件，应当属于免责事由。潘甲要求潘乙赔偿损失，无事实和法律依据，本院不予支持。

江苏省盐城市盐都区人民法院依照《中华人民共和国民法典》第二百八十八条、第二百九十五条、第一千一百七十七条，《中华人民共和国民事诉讼法》第一百四十五条之规定，判决如下：

驳回原告潘甲的诉讼请求。

潘甲不服一审判决，提出上诉。江苏省盐城市中级人民法院经审理认为：邻里之间应该互谅互让、互帮互助、团结友爱、和睦相处，在建造、修缮等行为时，既要提供必要的协助，同时不得损害他人的合法权益。本案中，潘甲家厨房与潘乙房屋相邻，中间有一窄巷，潘甲自行在巷子上建水泥顶，巷子两侧砌墙，将巷子予以封闭，并堆放柴草等杂物，潘甲的行为损害了不动产相邻人的权益。2016 年，潘甲家厨房曾发生火灾事故。2018 年 12 月 23 日，潘甲家厨房再次发生火灾，引燃存放在巷子里的柴草，导致潘乙家电缆烧坏，给潘乙家财产造成严重危险。潘乙为保护自身合法权益，对潘甲擅自建造的不法行为，在大火蔓延至自家房屋的紧急情况下，损毁潘甲违规建造的水泥平台和砖墙，排除由此引发的安全隐患，其行为不违反法律或公序良俗，符合自助行为的构成要件，也未超过合理的限度，应当认定为免责的事由。潘甲要求潘乙赔偿损失的依据不足，本院不予支持。

江苏省盐城市中级人民法院依照《中华人民共和国民事诉讼法》第一百七十七条第一款第一项之规定，判决如下：

驳回上诉，维持原判。

【法官后语】

法律对公民权利的保护以公力救济为原则，但也允许在满足一定条件下的私力救济。私力救济分为自卫行为和自助行为，其中自卫行为包括正当防卫和紧急避险。正当防卫与紧急避险早有法律规定，民事自助行为则是随着《中华人民共和国民法典》的颁布才第一次通过法律明确规定了自助行为制度。

一、潘乙的砸墙行为属于民事自助行为

从《中华人民共和国民法典》第一千一百七十七条来看，民事自助行为应当具备如下基本要件：(1) 权利人为了维护自己的合法权益不受侵害；(2) 情况紧迫，不能及时获得公力救济，且不采取措施将损害自己的合法权益；(3) 使用的措施与需要保护的权利相适应；(4) 使用的措施不得超过的必要限度。否则就会构成自助行为的不当行使，需要承担侵权责任。

本案中，潘甲与潘乙系邻居，首先，潘甲在其与潘乙房屋间的公巷上方浇筑水泥平台，在公巷两侧堆砌砖墙，将公巷封闭起来，用以堆放杂物，存在消防隐患，不仅侵犯了邻居潘乙的建筑物区分所有权及相邻权，也对潘乙的房屋安全产生威胁。其次，潘乙在该违建处多次发生火情，且在一次失火时自家电缆被烧坏的情况下，自行拆除潘甲违规建造的水泥平台和砖墙符合情况紧迫的现实威胁。最后，在砸墙之后，潘乙也未再对潘甲的人身、财产或者其他合法权益造成侵害，因此，潘乙砸墙的行为符合民事自助行为的构成要件，属于民事自助行为。

二、潘乙的砸墙行为没有超过必要限度

本案中，潘乙家的西山墙与潘甲的房屋东山墙交界处有宽约70公分的公巷。因潘甲在未获得主管部门批准并取得改建规划许可和施工许可的情况下，把公巷用砖砌封闭起来的建造行为不合法，系违法建筑。由于潘甲疏于管理，致使火灾通过违法建筑蔓延至潘乙房屋处，于是潘乙出于保护自家的目的砸墙。潘乙在砸坏公巷之间连接处墙后，已使得自助目的完成即潘甲违规建造带来的火情隐患无法对自家造成危害，在此之后，没有进一步采取措施，该行为没有超出必要限度，故一、二审法院驳回潘甲的诉讼请求。

那么如何判断民事自助行为是否超过必要限度？结合本案背景分析，法院需要考量在此情况下，自助行为人有无更有效的替代措施能够保护自身的合法利益，并且，要对双方的利益进行衡量，在本案中，破坏公巷违章建筑即可实现自助目的，不能进一步破坏对方合法建筑，否则就是自助行为超出必要限度，对超出必要限度部分需要承担赔偿责任。对于自助行为人采取的措施，应当以一般人的判断为标准，在情况紧迫的条件下，不能要求自助行为人以理性人的思维方式思考。

三、民事自助行为与侵权行为的区分

在自助行为的适用过程中，常常会遇到自助行为与侵权行为的区分问题。自助行为在形式上表现为侵权行为，但其作为一种抗辩事由，实施自助行为的当事人往往不承担责任。所以为了防止自助行为权利的滥用，自助行为实施的方式不能超出必要的限度，要与权利恢复或者保障权利恢复的程度相当。再者，在行使自助行为之后，有些仍需要使用公力救济的手段，以确定自助行为的合法性，并且要从源头上化解矛盾，才能达到良好的社会效果。

总之，自助行为制度确立，使得自助行为作为阻却违法性的免责事由，一定程度上可以鼓励群众合理抵抗侵权违法行为，有助于弘扬社会正气，构建和谐有序的社会环境。

编写人：江苏省盐城市盐都区人民法院　柏静

37

提供财产线索错误的申请执行人，对案外人财产被查封期间的毁损灭失不承担赔偿责任

——机械销售公司诉李某财产损害赔偿案

【案件基本信息】

1. 裁判书字号

新疆维吾尔自治区高级人民法院伊犁哈萨克自治州分院（2022）新40民终19号民事判决书

2. 案由：财产损害赔偿纠纷

3. 当事人

原告（上诉人）：机械销售公司

被告（被上诉人）：李某

第三人：张某

【基本案情】

2015年6月18日，奎屯市人民法院（以下简称奎屯法院）受理了李某与赵某、某石化公司等民间借贷纠纷一案，该案经一、二审后，由新疆维吾尔自治区高级人民法院伊犁哈萨克自治州分院于2016年6月日作出终审判决，判令赵某偿还李某借款50万元。2016年8月，因赵某未履行还款义务，李某向奎屯法院申请对赵某强制执行，并提供赵某位于某石化公司院内一套大型搅拌站设备作为执行财产线索。奎屯法院根据该财产线索，于当年8月18日对该大型设备加贴封条予以查封。2017年4月，机械销售公司以查封设备系其以保留所有权形式销售给张某，张某并未按约定支付货款，自己公司仍为设备真实权利

人为由，向奎屯法院提出执行异议，被法院驳回异议。之后，机械销售公司又提出案外人执行异议之诉。2017 年 9 月 25 日，奎屯法院就机械销售公司提出的执行异议之诉作出民事判决，认定机械销售公司对案涉设备享有合法民事权益，判决停止对案涉设备的强制执行。2017 年 10 月 25 日，机械销售公司将张某从案涉设备被查封处拉运回的案涉设备进行交接清点时，发现该大型设备的部分设备丢失，经向当地公安机关报案后一直未能侦破。机械销售公司遂以李某提供执行财产线索错误导致其设备被错误查封期间部分丢失为由，要求李某赔偿其丢失设备经济损失 192404 元。

【案件焦点】

李某是否需要对自身因提供执行线索错误而被查封期间的案外人设备毁损丢失承担损害赔偿责任。

【法院裁判要旨】

新疆维吾尔自治区奎屯市人民法院经审理认为：机械销售公司请求李某承担涉案设备丢失的财产损失，该请求权基础属于侵权责任，必须符合一般侵权责任成立的四个构成要件，即侵害行为、损害、行为与损害之间的因果关系及过错。结合本案，李某在另案中作为申请执行人，提供财产线索是申请执行人的义务，李某提供执行线索时并不明知涉案设备是机械销售公司所有，故其作为申请执行人提供财产线索的行为，并不违反法律规定。另外，被法院查封的搅拌站设备所在场地，确有被执行人赵某的财产；即便李某提供的财产线索不准确，也不必然会导致设备的丢失损失，设备丢失与李某提供财产线索行为之间不存在因果关系。综上，机械销售公司的诉讼请求，无证据证实，不予支持。

新疆维吾尔自治区奎屯市人民法院依照《中华人民共和国民事诉讼法》第六十四条第一款、第一百四十二条、第一百四十四条，《最高人民法院关于适用〈中华人民共和国民事诉讼法〉执行程序若干问题的解释》第二十条之规定，判决如下：

驳回机械销售公司的诉讼请求。

机械销售公司不服一审判决，提起上诉。新疆维吾尔自治区高级人民法院伊犁哈萨克自治州分院经审理认为：第一，关于李某对于机械销售公司案涉设备损失是否存在过错问题。李某作为另案申请执行人向执行法院提供被执行人的财产线索，并不存在主观过错。本案中，张某与该案被执行人赵某存在合伙关系，而某石化公司院内存放的设备，既有张某和赵某合伙购买的设备，又有张某个人购买的案涉设备，机械销售公司只是依据其和张某销售合同约定的所有权保留条款享有案涉设备实际所有权。李某作为申请执行人，根据对相关设备存放位置和动产设备权属“占有即所有”的生活经验判断，将案涉设备在内的财产向执行法院提供作为被执行人赵某的财产线索，不存在主观过错。第二，关于李某在强制执行程序中提供执行线索与案涉设备丢失之间是否存在因果关系。首先，李某提供案涉设备作为执行财产线索，与设备被扣押之间不存在因果关系。申请执行人在执行中仅负有提供执行财产线索的责任，而不负有调查核实财产权属是否真实的法定义务。因此，李某提供案涉设备作为执行财产线索与设备被采取查封扣押措施，不存在直接因果关系。其次，李某提供的案涉设备被采取查封措施与设备丢失之间亦不存在相当因果关系。本案中，案涉设备被执行法院采取加贴封条形式查封，是保全性执行措施，目的在于限制被执行人对案涉设备的转移或处分，设备被查封在通常情况下并不会导致设备丢失的损害后果。而机械销售公司主张案涉设备丢失与设备被查封之间不存在相当因果关系。最后，案涉设备丢失是因设备保管不善造成，而李某并非案涉设备的保管人，故不应当承担设备丢失的损失赔偿责任。

新疆维吾尔自治区高级人民法院伊犁哈萨克自治州分院依照《中华人民共和国民事诉讼法》第一百七十七条第一款第一项之规定，判决如下：

驳回上诉，维持原判。

【法官后语】

本案是因申请执行人提供财产线索错误导致案外人财产被采取执行措施期间发生毁损灭失引发的纠纷。申请执行人向法院提供被执行人财产线索，是充分调动申请执行人积极性、多渠道发现被执行人财产，化解当前执行难问题的有效手段。但实践中，因申请执行人主观判断或客观因素对财产真实权利无法核实导致提供财产线索错误，而使案外人财产被错误采取执行措施的情形亦时有发生。上述情况下，申请执行人是否构成侵权责任上的过错？是否应当对财产被错误查封、扣押期间的毁损灭失承担损害赔偿责任，是一个值得关注的问题。

《中华人民共和国民法典》第一千一百六十五条第一款（基本内容沿袭《中华人民共和国侵权责任法》第六条第一款）规定的过错责任，是侵权责任中最基本、最主要的归责原则。按照过错责任原则，一般侵权责任成立必须具备侵害行为、损害后果、行为与损害后果存在因果关系和主观上存在过错四个要件。本案侵权纠纷，属于一般侵权责任纠纷，申请执行人李某行为并不具备侵害行为、因果关系和主观过错要件。

1. 申请执行人提供财产线索错误并不具有违法性，不构成侵害行为。侵权责任中的侵害行为体现了法律保护的利益受到侵害。《最高人民法院关于民事执行中财产调查若干问题的规定》第一条规定："执行过程中，申请执行人应当提供被执行人的财产线索；被执行人应当如实报告财产；人民法院应当通过网络执行查控系统进行调查，根据案件需要应当通过其他方式进行调查的，同时采取其他调查方式。"根据上述司法解释的规定，申请执行人向执行法院提供其所了解的被执行人的责任财产线索，是其应尽的法律义务。由于申请执行人仅有提供财产线索的责任，法律和司法解释未苛求其提供财产线索权属的准确性，否则将极大抑制申请执行人提供财产线索的积极性。故申请执行人提供财产线索错误，不能认定其行为具有违法性。

2. 申请人执行人提供财产线索错误与案外人财产被采取执行措施期间的毁损灭失不存在因果关系。侵权责任中的因果关系是指侵害行为与损害之间的内在引起与被引起的联系。按照我国侵权责任的通说，我国侵权责任中因果关系一般采用相当因果关系说，即侵权责任中因果关系的成立，应同时具备以下两个要件：其一，若无此行为，通常不会产生此种损害；其二，依社会通念判断，若有此行为，则通常均会产生此种损害后果。侵权责任中采用相当因果关系，可以避免将因果关系链条无限延伸，使行为人对其行为引起的所有不可预知的结果负责。具体到本案中，首先，《最高人民法院关于民事执行中财产调查若干问题的规定》第二条第一款规定："申请执行人提供被执行人财产线索，应当填写财产调查表。财产线索明确、具体的，人民法院应当在七日内调查核实；情况紧急的，应当在三日内调查核实。财产线索确实的，人民法院应当及时采取相应的执行措施。"尽管执行法院对于申请执行人提供的财产线索负有调查核实的责任，但申请执行人提供财产线索通常会导致该财产被采取执行措施。其次，财产被采取执行措施与财产发生毁损灭失之间并不存在内在引起与被引起的联系。《最高人民法院关于人民法院民事执行中查封、扣押、冻结财产的规定》第十条第一款规定："查封、扣押的财产不宜由人民法院保管的，人民法院可以指定被执行人负责保管；不宜由被执行人保管的，可以委托第三人或者申请执行人保管。"因此，财产在被查封后应当由法院指定的保管人对财产进行保管，通常并不会发生被查封财产的毁损灭失。根据上述分析，申请执行人提供财产线索通常会导致财产被采取执行措施，但财产被采取执行措施通常情况下并不足以导致财产的毁损灭失。故申请人提供财产线索错误与财产毁损灭失之间的因果关系链条已经中断，两者不具有法律意义上的因果关系。

3. 申请执行人在非故意主观状态下提供错误的财产线索，不具有侵权责任中的过错。侵权责任中的过错，是侵权行为人对自己行为及其后果所具有的主观不良心理，包括故意和过失。我国民法理论认为，侵权责任中认定故意采用主观判断标准，而认定过失采用客观标准，即以行为人是否尽到一般人所能尽到的注意义务来衡量。笔者认为，相较于同为对他人财产采取司法控制措施的诉讼保全行为，申请执行人在执行阶段为避免被执行人转移财产、全面查找被执行人财产，尽快实现自身胜诉利益而提供被执行人的财产线索，以生效裁判文书确定的财产利益为基础，更具有法律正当性和道德合理性，因此在认定申请执行人提供财产线索错误产生侵权责任的主观过错要件应当比财产保全侵权责任的主观过错要件（通常认为系故意或重大过失）更为宽松。从社会效果方面分析，强化申请执行人对被执行人的财产查找和提供线索职责是值得倡导的行为，以故意作为判断申请执行人提供财产线索错误产生侵权责任的过错要件，具有积极意义。本案中，申请执行人李某基于对案涉设备占有使用的权利外观判断，将机械销售公司以所有权保留买卖销售给被执行人赵某的合伙人张某的案涉设备，作为赵某的财产线索提供给执行法院，主观上并不具有提前知晓案涉设备真实权利状态而故意侵害机械销售公司财产权益的不良心理，因此，李某的行为不具有侵权责任中的主观过错。

本案中，机械销售公司的设备因申请执行人李某提供错误财产线索被采取查封措施期间遭受设备灭失的损害，系因被查封财产的保管人未尽到保管义务造成。《最高人民法院关于审理涉执行司法赔偿案件适用法律若干问题的解释》第十二条规定："在执行过程中，因保管人或者第三人的行为侵犯公民、法人和其他组织合法权益并造成损害的，应当由保管人或者第三人承担责任。但人民法院未尽监管职责的，应当在其能够防止或者制止损害发生、扩大的范围内承担相应的赔偿责任，并可以依据赔偿决定向保管人或者第三人追偿。"机械销售公司选择向申请执行人李某主张财产损害赔偿责任，存在诉讼对象和路径的错误，不应予以支持。

编写人：新疆维吾尔自治区高级人民法院伊犁哈萨克自治州分院　李政

38

劳动者履职过程中被诈骗致用人单位财产受损时适用法律规则

——科技公司诉孙某财产损害赔偿案

【案件基本信息】

1. 裁判书字号

北京市第二中级人民法院（2022）京02民终9287号民事裁定书

2. 案由：财产损害赔偿纠纷

3. 当事人

原告（上诉人）：科技公司

被告（被上诉人）：孙某

【基本案情】

2021年5月10日，孙某入职科技公司，岗位为财务经理，双方在劳动合同中约定试用期为三个月。骆某系科技公司的法定代表人，陈某系该公司的股东、监事。

2021年5月20日，科技公司的人力资源主管刘某在微信中向孙某发送了QQ群号码及截图，并告知孙某"加了麻烦告诉我一下哈"，截图内容为"你现在打电话联系一下孙某，让她添加公司工作QQ群，就说我跟陈总有工作安排"。随后，孙某向刘某发送了已添加该QQ群的截图。该QQ群中共有三人，除孙某外，另外两人自称是"骆某""陈某"。当天，自称是"骆某"与"陈某"的两人在QQ群中沟通一个合同的签订事宜，后"骆某"在群中要求孙某查询公司账上可用资金有多少，孙某进行了查询和回复。在此期间，"骆某"与"陈某"在群中继续就合同事宜进行交流。稍后，孙某在群中发送了科技公司账户金额的截图。"骆某"告诉孙某准备858000元支付给罗总，"陈某"随后在群中发送了户名为罗××的账号及开户行信息。随后，孙某在群中发送了转账截图后被移出了群聊。庭审中，孙某与科技公司均确认"骆某""陈某"并非本人。

当日，孙某发现自己被骗并到公安机关进行报案。公安机关已对孙某被诈骗立案侦查。截至本案庭审结束时该案尚未侦破，涉案858000元款项仍未追回。

【案件焦点】

1. 本案程序上是否需要先经刑事处理；2. 本案属侵权责任纠纷，还是劳动争议纠纷，应适用侵权责任法相关规定还是适用调整劳动关系的相关法律法规处理。

【法院裁判要旨】

北京市大兴区人民法院经审理认为：关于争议焦点一，孙某系因受骗将公司款项转出，科技公司因此受损。孙某于事发当日即向公安机关报案，该刑事案件并不涉及对孙某的行为性质和责任的认定。因此，本案与刑事诈骗案件确属不同的法律关系，刑事诈骗案件的审查结果不影响本案的处理。

关于争议焦点二，科技公司依据《中华人民共和国侵权责任法》的规定请求孙某对该过错行为所导致的损失予以赔偿。孙某认为本案应属劳动争议纠纷。法院认为，侵权责任法相关法律规定调整的是一般平等民事主体之间因侵害民事权益产生的纠纷。劳动关系相关法律、法规调整的是用人单位与劳动者就劳动合同订立、履行、变更、解除或者终止劳动合同中产生的争议等。《最高人民法院关于审理劳动争议案件适用法律问题的解释（一）》第一条规定，劳动者与用人单位之间发生的下列纠纷，属于劳动争议，当事人不服劳动争议仲裁机构作出的裁决，依法提起诉讼的，人民法院应予受理。其中包括劳动者与用人单位在履行劳动合同过程中发生的纠纷。本案事发时，孙某与科技公司处于劳动关系存续期间，双方存在管理与被管理的关系，孙某转账行为系在工作期间履行职务过程中发生的，转出的财产系用人单位的财产。故本案所涉争议系科技公司与孙某在履行劳动合同过程中就孙某履职行为是否存在过错，应否承担赔偿责任发生的争议，而非平等主体之间因一般民事侵权行为引发的争议。因此，本案争议属劳动争议纠纷，应当适用调整劳动关系的相关法律、法规处理。科技公司未就本案争议先行向劳动争议仲裁委员会申请仲裁，人民法院不应直接予以受理，故本案应当裁定驳回科技公司的起诉。

北京市大兴区人民法院裁定如下：

驳回科技公司的起诉。

科技公司不服一审裁定，提起上诉。北京市第二中级人民法院同意一审法院裁判意见。

北京市第二中级人民法院依照《中华人民共和国民事诉讼法》第一百七十七条第一款第一项、第一百七十八条之规定，裁定如下：

驳回上诉，维持原裁定。

【法官后语】

司法实践中，劳动者履职过程中被诈骗致用人单位财产受损时，用人单位要求劳动者赔偿的，按照何种纠纷处理存在不同观点。第一种观点认为应按侵权责任纠纷，依据为《中华人民共和国民法典》第一千一百六十五条第一款①；第二种观点认为应按劳动争议，依据为《中华人民共和国劳动争议调解仲裁法》第二条②和《最高人民法院关于审理劳动争议案件适用法律问题的解释（一）》第一条③第一项。笔者认为，该种类型案件应属劳动争议，适用调整劳动关系的相关法律、法规处理为宜，主要理由如下：

第一，《中华人民共和国民法典》侵权责任编调整的是一般平等民事主体之间因侵害权益产生的纠纷。劳动关系相关法律、法规调整的是用人单位与劳动者就订立、履行、变更、解除或者终止劳动合同所产生的争议。考虑劳动关系的从属性特征，用人单位与劳动者在履行劳动合同过程中就劳动者履职行为是否存在过错以及赔偿责任的争议，并非平等主体之间因一般民事侵权行为引发的争议。

第二，认定劳动者是否存在故意或者过失离不开对劳动过程的评价，而劳动者提供劳动的过程与劳动法律关系的特征息息相关，包括但不限于：用人单位是否采取风险防范措施、是否就潜在风险对劳动者进行过操作指引或培训，劳动者的工作职责、工作本身的危险性等，上述特征的认定有别于平等民事主

---

① 《中华人民共和国民法典》第一千一百六十五条第一款规定："行为人因过错侵害他人民事权益造成损害的，应当承担侵权责任。"

② 《中华人民共和国劳动争议调解仲裁法》第二条规定："中华人民共和国境内的用人单位与劳动者发生的下列劳动争议，适用本法：（一）因确认劳动关系发生的争议；（二）因订立、履行、变更、解除和终止劳动合同发生的争议；（三）因除名、辞退和辞职、离职发生的争议；（四）因工作时间、休息休假、社会保险、福利、培训以及劳动保护发生的争议；（五）因劳动报酬、工伤医疗费、经济补偿或者赔偿金等发生的争议；（六）法律、法规规定的其他劳动争议。"

③ 《最高人民法院关于审理劳动争议案件适用法律问题的解释（一）》第一条规定："劳动者与用人单位之间发生的下列纠纷，属于劳动争议，当事人不服劳动争议仲裁机构作出的裁决，依法提起诉讼的，人民法院应予受理：（一）劳动者与用人单位在履行劳动合同过程中发生的纠纷……"

体之间的侵权责任法律关系。并且，在劳动者存在重大过失需承担损害赔偿责任的情况下，就其应承担的责任比例，仍需综合衡量劳动者的工资水平、支付能力、劳动者的工资水平与所负担的损害风险是否成比例等因素。上述衡量因素亦均与劳动法律关系密切相关。

第三，用人单位掌握生产资料，享有劳动成果，根据权责相统一的原则，用人单位应承担相应的经营风险，其中用工风险亦系用人单位可能会面临的经营风险之一。用人单位具有更强的抗风险能力，其可以通过制定和落实规章制度，加强用工管理，规避可能出现的用工风险，尽可能降低用工风险给用人单位带来的不利影响。相对而言，劳动者通过提供劳动获得基本生活来源，不享有劳动成果，享有的抗风险能力较弱，我国劳动相关法律对劳动者进行倾斜保护。

第四，劳动者对于用人单位的损失仅存在一般过失时，劳动者是否需承担损害赔偿责任存在不同。如按照劳动争议处理，用人单位的损失系其应承担的用工风险和经营风险，劳动者无须承担损害赔偿责任；而按照一般民事侵权责任纠纷处理，则劳动者仍需承担赔偿责任。

第五，劳动者损害赔偿责任的承担方式上存在区别。如按照劳动争议处理，依据《工资支付暂行规定》第十六条①之规定，用人单位可以在不影响劳动者基本生活需要的前提下，通过扣除劳动者工资的方式要求劳动者赔偿其损失。而按照一般民事侵权责任纠纷处理，则无上述责任承担方式。

综上，考虑到劳动关系的从属性特征，认定劳动者是否应承担的赔偿责任的衡量因素均与劳动关系密切相关，以及对劳动者的特殊保护，用人单位要求劳动者赔偿提供劳动过程中造成的损失的，应属劳动争议，适用劳动关系相关的法律法规进行调整为宜。

编写人：北京市大兴区人民法院　孙青　陈珊珊

---

① 《工资支付暂行规定》第十六条规定："因劳动者本人原因给用人单位造成经济损失的，用人单位可按照劳动合同的约定要求其赔偿经济损失。经济损失的赔偿，可从劳动者本人的工资中扣除。但每月扣除的部分不得超过劳动者当月工资的20%。若扣除后的剩余工资部分低于当地月最低工资标准，则按最低工资标准支付。"

39

宠物受损案件中精神损害赔偿责任的审查

——叶某诉宠物医院财产损害赔偿案

【案件基本信息】

1. 裁判书字号

福建省厦门市中级人民法院（2022）闽02民终2242号民事判决书

2. 案由：财产损害赔偿纠纷

3. 当事人

原告（被上诉人）：叶某

被告（上诉人）：宠物医院

【基本案情】

2021年3月19日，叶某在宠物医院处为其宠物猫购买洗澡、护毛等服务。当天18时28分，宠物医院工作人员使用微信通知叶某服务快完成，过会儿送猫回去；18时56分，叶某使用微信发送宠物猫倒在地上的照片给宠物医院工作人员，称猫回来就倒地不起，然后吐了；19时07分时宠物医院工作人员随后发送了一段5秒的视频给叶某，称给猫吹风的时候呼吸节奏挺快，要叶某多观察下；20时02分左右，叶某告知宠物医院工作人员其猫吐了粉红色的东西。当天晚上，叶某带其宠物猫至另一家宠物医院就诊，经检查确认几乎无生命迹象，经抢救无效死亡。叶某自述事发后曾到宠物医院处查看给其宠物猫洗澡时的监控录像，看到她的猫在洗澡过程中就出现抽搐、呕吐的情形，工作人员有带她的猫去吸氧。宠物医院对此予以否认。叶某及主审法官多次向宠物医院索要监控视频，宠物医院均未提供。叶某于2021年4月20日至医院就诊，被诊断为抑郁状态。叶某自述其前男友以近 20000 元的价格购得案涉猫。叶某提交的证据显示，其至迟于 2017 年 10 月 8 日起饲养案涉猫直至案涉猫死亡。经叶某申请，法院委托潍坊市兽医协会对案涉猫品种与市场价值进行鉴定。经鉴定，案涉猫为加菲猫，市场价值为 41052.49 元，叶某为此支付鉴定费 5800 元。

【案件焦点】

宠物医院是否应赔偿叶某案涉猫价款、饲养费用、鉴定费用、精神损害抚慰金。

【法院裁判要旨】

福建省厦门市湖里区人民法院经审理认为：宠物医院在给案涉猫提供服务过程中未尽到注意和关照义务，案涉猫出现不适后没有及时送医救治，在送还叶某时也没有及时告知案涉猫的不适情况，其对于案涉猫死亡的后果存在重大过失，应承担侵权责任。叶某主张其损失包括购买案涉猫价款 20000 元、饲养该猫费用 15750 元，合计 35750 元，低于潍坊市兽医协会认定的该猫现市场价值，对叶某的主张予以采信。另叶某因鉴定支出 5800 元，该费用系叶某维护其合法权益需支出的必要费用，宠物医院应予赔偿。叶某饲养案涉猫多年，宠物与饲主已存在一定的情感羁绊，且叶某原先有抑郁病史，叶某主张案涉猫骤然死亡给其造成精神损害，有事实依据，酌定宠物医院赔付精神损害抚慰金 1000 元。综上，宠物医院应赔偿叶某案涉猫价款、饲养费用、鉴定费用、精神损害抚慰金共计 42550 元。

福建省厦门市湖里区人民法院依照《中华人民共和国民法典》第一千一百六十五条第一款、第一千一百八十三条第二款、第一千一百八十四条之规定，判决如下：

一、宠物医院于判决生效之日起七日内赔偿叶某购买宠物猫价款、饲养费用共计 35750 元；

二、宠物医院于判决生效之日起七日内赔偿叶某精神损害抚慰金 1000 元；

三、宠物医院于判决生效之日起七日内偿付叶某鉴定费用 5800 元；

四、驳回叶某的其他诉讼请求。

宠物医院不服一审判决，提出上诉。福建省厦门市中级人民法院经审理认为：案涉猫咪在宠物医院处接受洗护服务后当天出现呕吐、倒地不起的情况，之后抢救无效死亡。叶某自述其事后看监控视频，该监控视频体现宠物医院工作人员在给案涉猫咪洗澡时，猫咪就出现抽搐、呕吐情形，但工作人员既没有将猫咪及时送医救治，也没有将猫咪的异常情况告知主人叶某。在叶某与宠物医院就案涉猫咪洗护是否存在问题产生争议，且叶某多次催促宠物医院提供猫咪接受洗护服务时的监控视频后，宠物医院更应该妥善保存监控视频，以方便还原事件真相、明确责任归属，但宠物医院却放任监控录像被覆盖删除，导致案涉监控视频既无法向当事人也无法向法院提交，宠物医院对此具有不可推卸之责任。因此，一审法院采信叶某的主张，认定宠物医院应承担举证不能的后果，并无不当。宠物医院因洗护时未尽到注意义务造成案涉猫咪死亡的后果，依法应向猫咪主人叶某承担侵权责任。关于宠物医院上诉主张猫咪饲养成本以及精神损害抚慰金不应赔付的问题。本院分析认为，饲养成本也是叶某喂养猫咪的一种投入，因猫咪骤然死亡一并成为叶某的损失；此外，猫咪并非普通物品，其作为宠物与主人朝夕相伴，亦承载着主人一部分的情感与记忆，猫咪的死亡必然会给叶某带来一定的精神损害，依据《中华人民共和国民法典》第一千一百八十三条的规定，叶某有权请求精神损害赔偿，故一审法院酌定宠物医院赔付叶某精神损害抚慰金1000元，并无不当。

福建省厦门市中级人民法院依照《中华人民共和国民事诉讼法》第一百七十条第一款第一项之规定，判决如下：

驳回上诉，维持原判。

【法官后语】

《中华人民共和国民法典》第一千一百八十三条第二款规定："因故意或者重大过失侵害自然人具有人身意义的特定物造成严重精神损害的，被侵权人有权请求精神损害赔偿。"对于宠物是否属于具有人身意义的特定物，宠物受损能否寻求精神损害赔偿救济。笔者认为，与普通物品形成区别，具有人身意义的特定物必须包含人格利益或身份利益因素，或是寄托情感之物，或是人身象征之物，该特定物的背后蕴含着其主人深层的情感与人身象征意义，故而当该特定物受损必然导致自然人产生精神损害。如果有证据表明宠物与主人朝夕相处，产生情感羁绊，宠物之于主人不仅仅是普通物品，还给主人带来精神愉悦及正面的情感利益，且具有不可替代性，该宠物即应当被认定为“具有人身意义的特定物”。如果宠物公司在为宠物提供服务时因故意或重大过失造成宠物死亡的，宠物主人可要求宠物公司承担宠物市场价值、饲养成本等财产损失，并有权请求精神损害赔偿。为防止行为人滥用权利，对宠物受损主张精神损害赔偿应作严格限定，笔者认为，在具体适用《中华人民共和国民法典》第一千一百八十三条第二款审查侵权人的责任构成方面应当注意：

在侵害客体方面，受损宠物应当具有人身意义，是包含人格利益或身份利益的特定物。在现实生活中，并非所有宠物都具有人身意义。在具体的案件中，可结合宠物的饲养时间、宠物的来源与实际用途、主人与宠物的实际相处情况、宠物是否具有可替代性等情况来进行认定。例如，大量饲养仅是为了售卖的宠物不宜被认定为具有人身意义，而长期陪伴在孤独老人身边的宠物无疑蕴含着主人的情感价值，故其二者在是否可以主张精神损害赔偿方面即应当有所差别。

在损害后果方面，宠物受损主张精神损害赔偿应以宠物死亡为前提。虽然《中华人民共和国民法典》第一千一百八十三条第二款并未强调“物品永久性灭失或者毁损”，即该特定物的损害会对被侵权人造成严重精神损害即可，并不要求该特定物必须已经永久性灭失或者毁损。但是，倘若宠物仅是受伤，经过治疗即可恢复健康，主人与宠物的情感连接并未被斩断，故难以认定侵权人的行为将导致受害人“严重”精神损害。故仅以宠物受伤为由主张精神损害赔偿的，司法实践中不宜予以支持。

在主观过错方面，需以行为人故意或重大过失为前提。该要件是《中华人民共和国民法典》第一千一百八十三条第二款所明确规定，故是司法实践中审查的要点之一。故意或重大过失致宠物死亡，此种情况下侵权人的行为一般较为恶劣，极易导致宠物主人严重精神痛苦，理应对宠物主人进行精神损害赔偿。此外，倘若侵权人不存在故意或重大过失，如侵权人因轻微过错交通事故导致受害人宠物死亡的，则不宜要求其承担精神损害赔偿责任。

编写人：福建省厦门市中级人民法院　李仁莹

40

火灾引起的财产损害赔偿纠纷应根据各方过错程度适用过错责任原则进行责任分配

——车业公司诉郭某某等财产损害赔偿案

【案件基本信息】

1. 裁判书字号

江苏省扬州市中级人民法院（2022）苏10民终3536号民事判决书

2. 案由：财产损害赔偿纠纷

3. 当事人

原告（被上诉人）：车业公司

被告（上诉人）：郭某某、酒业商行、甲商贸公司、食品商行

第三人：乙商贸公司

【基本案情】

2018年11月30日，车业公司将位于某号房屋内2号厂房的西边8间、附房4间和北门前的两间临时房，续租给郭某某从事仓储。约定租赁期限从2018年12月1日起至2021年11月30日止。

2020年10月9日19时57分，郭某某租赁车业公司的2号厂房发生火灾，烧毁厂房顶棚及厂房内四被告及乙商贸公司存放的家电、酒、饮料、方便面等

货物若干。后某县消防救援大队作出事故认定书，认定起火原因为：可排除天气、电气、外来火源、人为纵火的可能，不能排除遗留火种引发的火灾。某县消防救援大队制作的《火灾现场平面图》显示，起火部位或起火点位于郭某某厂房承租的一侧，由两面彩钢板间隔的南侧存放白酒等货物的区域。

2021年6月6日，车业公司向一审法院申请对其造成的损失进行司法鉴定。后质量安全鉴定公司出具《火灾后结构安全性鉴定报告》，确定厂房围护墙和女儿墙构件中：女儿墙1-2/A轴，以及辅房砖墙、钢构件中：所有砖墙、所有钢檩条及彩钢板均为d级。

2022年4月4日，保险公估公司出具《鉴定评估报告》，确定火灾造成车业公司损失金额（扣除残值）合计为2550847元。

另查明，酒业商行、甲商贸公司、食品商行工商注册地均为涉案租赁厂房地址。上述三公司经营状态均为：存续（在营、开业、在册）。

【案件焦点】

1. 本起火灾事故造成原告的损失，四被告是否有赔偿责任；2. 如应赔偿，承担的方式和具体金额如何界定。

【法院裁判要旨】

江苏省宝应县人民法院经审理认为：本案系因民法典施行前的法律事实引起的民事纠纷，应当适用当时的法律、司法解释的规定。火灾引起的财产损害赔偿纠纷，不属于特殊侵权行为，亦不属于法律明确规定的适用过错推定责任的几种情形，应适用过错原则。本案中，四被告对火灾的发生存在重大过错，需承担连带赔偿责任。理由在于：第一，事故认定书和《火灾现场平面图》是消防救援部门依据职权范围所制作的文书和材料，可以作为本案认定事实的证据。《火灾现场平面图》显示火灾起火地点为四被告承租的区域，结合被告所租赁的仓库经常存在员工吸烟，能够认定四被告未依法建立相关消防安全制度，存在疏于管理之情形，四被告中一方员工或其相关业务单位员工遗留火种导致火灾的发生存在高度盖然性。第二，四被告作为案涉起火仓库的实际使用管理者，在没有明确划分各自承租区域的情况下，四被告对厂房均负有预防火灾的法定义务，本次火灾起火地点位于四被告承租的区域，四被告未尽到管理和维护义务。第三，四被告各自承租区域没有明确划分，无法认定何人遗留火种以及最先起火存储货物的所有权人，故不能确定本案具体的侵权人，在此情形下，四被告应连带赔偿原告因本起火灾造成的相关损失。因起火点位于四被告承租厂房区域，故原告及第三人对火灾的发生没有过错，但原告作为消防责任主体对火灾损失的扩大具有过错。综合全案，根据过错程度及原因力大小等因素，确定原告因本起火灾造成的厂房损失由四被告连带承担80%的赔偿责任，由原告车业公司自行承担20%的损失。

江苏省宝应县人民法院依照《最高人民法院关于适用〈中华人民共和国民法典〉时间效力的若干规定》第一条第二款，《中华人民共和国消防法》第五条、第十六条，《中华人民共和国侵权责任法》第六条、第十条、第十五条、第十九条、第二十六条，《中华人民共和国民事诉讼法》第六十七条之规定，经本院审判委员会讨论决定，判决如下：

一、被告郭某某、酒业商行、甲商贸公司、食品商行于本判决生效之日起十日内连带赔偿原告车业公司合计2040677.6元（2550847元×80%）；

二、驳回原告车业公司的其他诉讼请求。

四被告不服一审判决，提出上诉。江苏省扬州市中级人民法院经审理认为：关于火灾事故责任的认定问题。一审法院根据《中华人民共和国侵权责任法》的归责原则、过错责任，结合在案证据、已查明案件实际情况，综合考虑起火地点、起火原因、起火时间等因素，认定系上诉人导致火灾的发生具备民事诉讼法上的高度盖然性，具有事实和法律依据。一审法院综合各方当事人过错程度、原因力大小，确定由上诉人承担80%的主要责任并无明显不当。

江苏省扬州市中级人民法院依照《中华人民共和国民事诉讼法》第一百七十条第一款第一项之规定，判决如下：

驳回上诉，维持原判。

【法官后语】

火灾案件与一般侵权损害赔偿案件有相同之处，在审理中仍应依据一般侵权责任的构成要件适用过错原则认定责任主体。本案是火灾引起的财产损害赔偿纠纷，不属于特殊侵权行为，亦不属于法律明确规定的适用过错推定原则的几种情形，故本案适用过错责任原则。

由于火灾损害赔偿案件的特殊性，在审判实践中，义务主体与行为人并不完全一致，有时行为人以外的主体也要与行为人承担连带赔偿责任，或单独承担赔偿责任。如何确定火灾案件各方主体过错程度进行责任分配，可以从以下三个方面加以考量。

首先，房屋使用人应作为义务主体。对于直接支配、使用、管理的承租人，是火灾原因的控制者，对厂房负有预防火灾的法定义务，如因违规存放易燃易爆物品、放任员工随意吸烟等存在日常安全管理和消防技术制度缺失的情形下，对火灾的发生和损失扩大存在重大过错，应作为义务主体承担赔偿责任。需要说明的是，这里的“使用人”是一个广义概念，既包括合法使用人，如房屋租赁合同中的承租人，转租合同中的转租人和转承租人，承包经营合同中的承包人，租赁经营合同中的承租经营人，也包括非法使用人，如非法租赁中的承租人，擅自转租中的转承租人等。

其次，房屋所有人能否作为义务主体应视具体情况而定。一般情况下，所有人是房屋的占有、使用者，同时也是使用房屋的直接受益人，因此，应当确认为义务主体。但在房屋所有权与使用权相分离时，如果房屋所有人与使用人就房屋的修缮责任及其使用过程中给第三人造成损害的赔偿责任有约定的，应从其约定，决定所有人是否为义务主体；如果没有约定，因所有人是使用权分离结果的直接得益者，且可能存在所有人将房屋未依法完成对经营性用房消防工程、消防设施修缮义务前，擅自出租给他人使用，或在火灾危险性等级明显升高的情况下放任承租人存储，或未尽到监督承租人合法使用房屋等，对火灾的发生或者损失扩大存在过错的，也应确定为义务主体。

最后，关于引起火灾损害的直接行为人的责任认定。直接行为人为法人的职员或雇佣人的受雇人时，如其为履行职务行为，则义务主体为法人或雇佣人，而非直接行为人；如其为非职务行为，则义务主体为直接行为人而非法人或雇佣人，但当行为发生在法人或雇佣人所能控制的办公、生产、经营活动场所范围内时，直接行为人和法人、雇佣人应确定为共同义务主体。

编写人：江苏省宝应县人民法院 贾玲

41

快递货物毁损，保价金额低于实际价值时保价条款效力的认定

——汽配公司诉物流公司分公司、物流公司财产损害赔偿案

【案件基本信息】

1. 裁判书字号

江苏省盐城市中级人民法院（2022）苏09民终2917号民事判决书

2. 案由：财产损害赔偿纠纷

3. 当事人

原告（被上诉人）：汽配公司

被告（上诉人）：物流公司分公司、物流公司

【基本案情】

2021年1月5日，汽配公司向汽车销售公司购买空气动力学套件前部的零件5个，单价为9170元，总价为45850元，同时，双方约定由汽车销售公司委托货运公司运输，运输费用由汽配公司承担。2021年4月2日，汽车销售公司的工作人员将上述货物交由物流公司分公司承运，快递寄件单载明：名称“汽车用品”，保价2000元，保费8元，包装费50元，运费589元，费用合计647元，付款方式为“到付”。后汽配公司在接收货物时发现快递包裹存在破损问

题，拒收货物，并于2021年6月18日向浙江省杭州市杭州互联网公证处申请保全证据公证，该公证处于2021年7月14日对案涉货物进行现场拍照，汽配公司为此支付5000元。后汽配公司多次与物流公司分公司沟通理赔方案未果，故起诉至法院，请求法院判令物流公司分公司、物流公司共同赔偿其货物损失45850元、公证费5000元，合计50850元。

另查明，案涉货物现存放于物流公司杭州快递点。

【案件焦点】

1. 原告汽配公司是否具有诉讼主体资格；2. 被告物流公司分公司、物流公司是否承担赔偿责任以及责任份额；3. 案涉货物的价格如何认定。

【法院裁判要旨】

江苏省盐城经济技术开发区人民法院经审理认为：案涉货物由物流公司分公司承运，其作为承运人，应当按照运输合同的约定将货物完好无损地运送到约定地点，现货物已经被损坏且基本无法使用，故物流公司分公司对货物的损失存在较大过错。汽车销售公司作为案涉货物的卖方，其在邮寄货物时，仅对货物保价2000元，致使物流公司分公司在运输过程中不能尽到更多的审慎义务，对损失的发生也存在一定的过错。故酌定物流公司分公司承担60%的赔偿责任，汽配公司自担40%的损失。

关于案涉货物价格，因汽配公司并未对案涉货物付款，根据其提交的价格单，本院向价格鉴证评估机构进行询价，因汽车销售公司与汽配公司存在长期合作关系，应在零售价9170元/个的基础上给予10%的折扣，且汽配公司对此予以认可，故本院对该价格予以认定。关于汽配公司主张的公证费5000元，该费用系因案涉货物受损产生的，亦是本院认定案涉货物受损的重要依据，故本院对该费用予以支持。因此，物流公司应承担60%的赔偿责任即27759元。

江苏省盐城经济技术开发区人民法院依据《中华人民共和国民法典》第四百六十五条、第五百九十二条、第八百一十一条、第八百三十二条、第八百三十三条，《中华人民共和国公司法》第十四条，《中华人民共和国民事诉讼法》第一百四十五条之规定，判决如下：

一、被告物流公司于本判决生效之日起十日内赔偿原告汽配公司损失27759元；

二、驳回原告汽配公司的其他诉讼请求。

物流公司分公司、物流公司不服一审判决，提出上诉。江苏省盐城市中级人民法院经审理认为：物流公司主张适用《电子运单服务条款》，该限额赔偿条款属于格式条款，排除了快递用户的主要权利，免除或减轻了物流公司的责任，物流公司应对该条款尽到提示说明义务。本案中，物流公司未能提供证据证明对以上条款内容予以说明，不能证实其尽到了提示说明义务，该限额赔偿条款不能成为合同内容。综上，上诉人的上诉请求不能成立，本院不予支持。

江苏省盐城市中级人民法院依照《中华人民共和国民事诉讼法》第一百七十条第一款第一项、《最高人民法院关于适用〈中华人民共和国民事诉讼法〉的解释》第九十条之规定，判决如下：

驳回上诉，维持原判。

【法官后语】

在现实生活中，由于快递公司是按照保价金额的比例收取保价费，部分托运人为了节省保价费用，往往会故意低报快递货物的实际价值，尤其是贵重物品的保价额更是远低于其实际价值。当快递货物在运输过程中发生毁损时，按照保价金额进行赔偿，难免会与货物的实际价值存在一定的差距。当托运人与快递公司就赔偿金额无法协商一致进行诉讼时，就需要对快递公司是否尽到提示说明义务进行认定。

由于保价条款是限制赔偿责任的格式条款，根据《中华人民共和国民法典》第四百九十六条第二款的规定，采用格式条款订立合同的，提供格式条款的一方应当遵循公平原则确定当事人之间的权利和义务，并采取合理的方式提示对方注意免除或者减轻其责任等与对方有重大利害关系的条款，按照对方的要求，对该条款予以说明。提供保价条款的快递公司要尽到提示说明义务，且快递公司是否尽到该提示说明义务是认定保价条款是否有效的关键。因《中华人民共和国民法典》关于履行提示说明义务仅规定以“合理的方式提示”为标准进行认定，但何为“合理的方式”，有待进一步明确。因此，在司法实践中，确定快递公司是否尽到提示说明义务，应当根据实际情况综合判断，考虑以下几点：(1) 保价条款在快递单上是否加黑加粗且在醒目的位置；(2) 寄件人在寄件时，快递公司是否提醒寄件人注意保价条款；(3) 寄件人是普通消费者还是经营企业，是否对快递行业熟知，对于价值较大的物品没有选择保价是否存在过错；(4) 快递公司与寄件人是否就保价情况进行充分磋商，保价是否符合双方的真实意思表示。

本案中，汽车销售公司曾多次委托物流公司分公司邮寄货物，也均对货物进行价值不等的保价，因多次发生业务往来，双方的工作人员均通过微信沟通邮寄事宜，汽车销售公司的工作人员将邮寄货物的报价金额告知物流公司分公司的工作人员，物流公司分公司的工作人员既未对保价金额进行审核，亦未提醒其注意保价条款，更未让汽车销售公司在快递单上签名确认，物流公司分公司以保价金额与实际价值不一致为由，主张适用《电子运单服务条款》的内容，但汽车销售公司低报货物实际价值这一事实，仅可以在过错责任分担中作为理由予以适用，而不能成为保价条款生效的依据。因该限额赔偿条款属于格式条款，物流公司分公司未对保价条款尽到提示说明义务，所以该格式条款无效，该限额赔偿条款不能成为合同的内容。

编写人：江苏省盐城经济技术开发区人民法院　孙静　孙栋

42

人民法院可根据当地风俗对损害坟墓的侵权人判决承担迁坟费用

——贺某1等诉矿业公司侵权责任案

【案件基本信息】

1. 裁判书字号

重庆市第三中级人民法院（2021）渝03民终1673号民事判决书

2. 案由：侵权责任纠纷

3. 当事人

原告（上诉人）：贺某1、邬某某、贺某

被告（被上诉人）：矿业公司

【基本案情】

邬某某的丈夫，贺某和贺某1的父亲贺某某于2008年7月31日死亡。后邬某某、贺某和贺某1在某山建造坟墓将其安葬于此。矿业公司于2008年9月1日成立，经营范围为露天开采：制灰用石灰岩；销售：建筑材料、非金属制造、石灰和石膏制造。矿业公司成立后，搭建了钢棚、围墙，另修建了三条运输道路，其中一条运输道路抵邻贺某某的坟墓。同时，矿业公司经营时一定范围内存在一些粉尘，将坟墓覆盖，同时因矿业公司铲车撞击致使坟墓被破坏。2020年4月19日，贺某1因坟墓损坏一事用车将矿业公司的运输道路堵挡，经公安机关民警出警调解，双方同意日后协商处理。经协商未果，贺某1于2021年2月21日向公安机关报警，要求公安机关帮助处理，民警联系了矿业公司负责人，双方同意约定时间再行协商，在其后的人民调解中，矿业公司明确承认在其经营过程中运输车辆对死者坟墓进行碰撞将坟墓撞坏的事实。

【案件焦点】

坟墓被损害后，按照当地习惯需要对坟墓进行搬迁，对坟墓造成损害的侵权人应否承担迁坟费用。

【法院裁判要旨】

重庆市南川区人民法院经审理认为：首先，不存在邬某某、贺某和贺某 1 亲属贺某某坟墓迁移的损害事实。其次，矿业公司系合法经营，产生的粉尘、车辆的通行虽然对邬某某、贺某和贺某 1 的祭祀行为有一定影响，但该影响并不必然导致邬某某、贺某和贺某 1 的迁坟行为。故，邬某某、贺某和贺某 1 主张矿业公司赔偿迁葬费，无事实和法律依据，一审法院依法不予支持。由于侵权事实的前提条件不成立，故，对邬某某、贺某和贺某 1 主张矿业公司赔偿精神损害抚慰金，依法亦不予支持。

重庆市南川区人民法院依照《中华人民共和国民法典》第一千一百六十五条、第一千一百八十三条，《最高人民法院关于适用〈中华人民共和国民事诉讼法〉的解释》第九十条之规定，判决如下：

驳回邬某某、贺某、贺某 1 的诉讼请求。

邬某某、贺某、贺某 1 不服一审判决，提起上诉。重庆市第三中级人民法院经审理认为：墓地有别于其他使用性质的土地，其具有特殊使用性，墓地作为埋葬死者遗体或骨灰的特殊用地，是后代追忆、祭奠已逝亲人的特定场所，承载着特殊情感。本案中，案涉墓地遭受了损害并存在将来继续被侵害的可能，有违社会公序良俗，按照当地风俗习惯需要进行搬迁，案涉墓地被侵害也使贺某 1 等人遭受一定程度的精神痛苦。综合当地的风俗习惯及经济水平等因素酌定矿业公司向贺某 1、邬某某、贺某支付迁葬费及精神抚慰金 35000 元。

重庆市第三中级人民法院依照《最高人民法院关于确定民事侵权精神损害赔偿责任若干问题的解释》第三条、第五条，《中华人民共和国民事诉讼法》

第一百七十条第一款第二项之规定，判决如下：

一、撤销重庆市南川区人民法院（2021）渝 0119 民初 3478 号民事判决；

二、矿业公司于本判决生效后十日内向贺某 1、邬某某、贺某支付迁葬费及精神抚慰金 35000 元；

三、驳回贺某 1、邬某某、贺某的其余诉讼请求。

【法官后语】

坟墓属于《中华人民共和国民法典》上的特定物，属于物权保护的范畴。但是对于这类具有人身、精神属性的物权的损害，如何确定损害赔偿的金额呢？

一、坟墓属于物权保护的对象

坟墓作为埋葬死者遗体或者骨灰的特殊用地，存在于人体之外，能被人力所支配和控制，并能满足人们祭祀、追思的精神需要，是一种法律上的有体物，权利人对该有体物享有法律规定的物权。根据《中华人民共和国民法典》第二百三十八条“侵害物权，造成权利人损害的，权利人可以依法请求损害赔偿，也可以依法请求承担其他民事责任”以及第一千一百六十五条第一款“行为人因过错侵害他人民事权益造成损害的，应当承担侵权责任”的规定，损害法律保护的利益，将被法律予以否定性评价。而坟墓属于法律保护的利益，故属于物权保护的对象。

二、对损害坟墓是否计算迁坟费用应考虑当地风俗习惯

具有人身意义的物权，同时具有财产属性和精神属性。故对该类特定物的侵害，应同时赔偿物质损害赔偿金和精神损害抚慰金。对于物质损害赔偿金，根据《中华人民共和国民法典》第一千一百八十四条规定：“侵害他人财产的，财产损失按照损失发生时的市场价格或者其他合理方式计算。”本案中，虽然行为人的侵权对象是坟墓，并非直接侵犯遗体、遗骨，但坟墓是埋葬死者遗体或遗骨的地方。侵犯坟墓的行为实际上也构成了对死者遗体、遗骨的间接侵犯，有违社会公德与民族伦理。且坟墓具有特殊的纪念意义，承载着特殊的情感，死者的近亲属对这一具有人格意义的物享有利益。案涉坟墓被一定程度损坏，有违社会公序良俗。坟墓被损害后，按照当地习惯需要对坟墓进行搬迁。法院

需要对当地习惯予以尊重。赔偿的金额不仅仅是部分修补、原地重建导致的财产性支出。所以，对财产损失部分，应按照损失发生时的市场价格即使迁移坟墓并恢复到原有状态需要的人工费用、材料费之和，由侵权人承担物质损害赔偿责任。

三、坟墓具有人格意义，侵权人除依据当地习惯赔偿迁坟费用外还应承担精神损害赔偿金

死者的遗体、遗骨等受到侵害，其近亲属向人民法院提起诉讼请求精神损害赔偿的，人民法院应当依法予以支持。而对于精神损害抚慰金数额，应根据《最高人民法院关于确定民事侵权精神损害赔偿责任若干问题的解释》第五条进行确定。该条规定了精神损害的赔偿数额的确定因素主要有：侵权人的过错程度；侵权行为的目的、方式、场合等具体情节；侵权行为所造成的后果；侵权人的获利情况；侵权人承担责任的经济能力；受理诉讼法院所在地的平均生活水平等。坟墓作为埋葬死者遗体或骨灰的特殊构筑物，是后代追忆、祭奠已逝亲人的特定场所，承载着特殊情感。同时，侵害坟墓还有违社会公序良俗，被侵权人肯定遭受了精神损害。故还应该综合考虑，确定一定数额的精神损害赔偿金。

编写人：重庆市第三中级人民法院　张景卫

43

双重嵌套资管合同下次级管理人的侵权赔偿责任及限制

——戴某某诉投资管理集团等侵权责任案

【案件基本信息】

1. 裁判书字号

上海金融法院（2022）沪74民终43号民事判决书

2. 案由：侵权责任纠纷

3. 当事人

原告（被上诉人）：戴某某

被告（上诉人）：资产管理公司、投资管理集团

被告：证券公司

【基本案情】

A资管计划由资产管理公司发行并作为管理人，证券公司作为托管人，资管计划存续期限为24个月，可展期12个月，初始销售面值1元/份。《资管合同》约定，投资期内，资管计划不低于95%投资于投资管理集团担任普通合伙人及执行事务合伙人的有限合伙企业的有限合伙份额，有限合伙企业主要投资于新三板挂牌公司的股票及拟上市公司股权，其中拟上市公司股权包括但不限于拟在主板、创业板、中小板上市公司或拟在新三板挂牌公司的股权，以及存款工具；有限合伙企业投资于单一企业累计不超过计划净值的20%；资产管理人应以诚实信用、勤勉尽责的原则管理和运用资产管理计划财产，对相关交易主体和资产进行全面的尽职调查，形成书面工作底稿，并制作尽职调查报告，托管人不对专门设立的有限合伙企业的投资行为、投资项目等进行监控，仅在其可监测的范围内对投资事项进行监督等。

2016年1月，证券公司作为代销机构，就上述资管计划组织了多次路演。其间，投资管理集团委派其工作人员参与部分路演，介绍投资管理集团以往业绩及有限合伙企业（基金）基本情况，预期收益等。

募集完成后，资产管理公司代表A资管计划与投资管理集团签订《合伙协议》，约定：合伙企业为Z企业，普通合伙人投资管理集团、有限合伙人资产管理公司分别占出资的5%、95%，合伙资产由证券公司托管；合伙企业设投决会，由普通合伙人、有限合伙人委派委员组成，投资事项必须经全体委员通过；投资项目及其限制与《资管合同》一致。投资管理集团代表Z企业与证券公司签订《托管协议》。

Z企业进行了以下投资交易：（1）2016年8月，投决会决议购买1.8亿元

银行短期理财产品。投资管理集团据此要求证券公司向其另行开立于M银行的账户支付1.8亿元用于投资，并于回款后由投资管理集团返还至托管账户。后投资管理集团将款项全部用于购买《五矿信托计划》。(2) 2016年10月至2017年4月，投决会决议以增资、受让或出资形式各投资A公司、B公司、C公司、D公司四家公司约3000万元。投资管理集团制作的《分析报告》载明，A公司、B公司已经或将由中介机构进场辅导，拟完成股改并在新三板挂牌，但事后未能提供相应依据；C公司、D公司的报告则未表明该两家公司有上市计划。后四家公司均未上市。(3) 2017年6月，投资管理集团未经Z企业投决会决议，将M银行账户中尚未退回至托管账户的6030万元用于购买"某55号"基金产品，该基金又购买合伙企业已投资的项目公司A公司、B公司股份，并导致合伙企业投资违反《合伙协议》比例限制。资产管理公司得知后，对投资管理集团提起了仲裁，中国国际经济贸易仲裁委员会裁决：投资管理集团向Z企业支付6030万元与"某55号"清算或债权处理结果差额的80%款项及相应利息等。

2018年资管计划到期后，未实现退出。

2019年12月，资产管理公司、证券公司、投资管理集团签订《备忘录》，约定：鉴于Z企业不能于短期内实现对投资标的的清收，由投资管理集团指定关联公司S公司受让资产管理公司持有的Z企业份额；各方承诺在受让方开始履行付款义务之日起不自行或者通过任何人以任何形式为投资者提供法律援助等。各方根据：1. 第三方对Z企业投资的四家项目公司的评估（合计2985.6万元）；2. 按"某55号"零清算价值计算，根据仲裁裁决确定的投资管理集团赔偿金额；3. 部分溢价补偿（19389804元），确定份额转让价款，并向投资者公告。

2021年2月3日，S公司分五期支付完毕后，资产管理公司将涉及A资管计划的最后一笔转让价款分配完毕，A资管计划已完成清算注销。

投资者戴某某认购300万份A资管计划份额，本金亏损1318033.83元，以侵权为由，起诉请求：资产管理公司、投资管理集团、证券公司赔偿戴某某投资本金损失、预期收益、利息损失及律师费。

【案件焦点】

1. 投资管理集团是否系本案适格当事人；2. 资产管理公司、投资管理集团、证券公司对戴某某的投资损失是否承担侵权损害赔偿责任，如承担，具体责任应如何认定。

【法院裁判要旨】

上海市虹口区人民法院经审理认为：本案中，证券公司未违反适当性义务及托管义务，并无过错；资产管理公司、投资管理集团未按照《资管合同》《合伙协议》的约定决策、管理Z企业的投资项目，存在过错：两者共同决策投资的四家项目公司不符合“拟上市公司”的要求；投资管理集团违规投资“某55号”产生的损失，资产管理公司对此未尽监管责任；私募基金项目退出转让价款及对象不具合理性。考虑到市场风险因素，戴某某酌情自担损失的30%，资产管理公司、投资管理集团连带赔偿损失的70%、相应利息及律师费。

上海市虹口区人民法院依照《中华人民共和国合同法》第六十条第一款，《中华人民共和国信托法》第二条、第二十五条第二款、第二十八条，《中华人民共和国证券投资基金法》第三条第一款、第九条第一款、第一百四十六条，《中华人民共和国侵权责任法》第六条第一款、第八条、第十五条第一款第六项之规定，判决如下：

一、资产管理公司、投资管理集团连带赔偿戴某某投资本金922623.68元及上述款项自2021年2月4日起至实际履行之日止的利息；

二、资产管理公司、投资管理集团连带赔偿戴某某律师费损失5万元；

三、驳回戴某某的其余诉讼请求。

资产管理公司、投资管理集团均不服一审判决，提起上诉。上海金融法院经审理认为：案涉交易包括两层架构：一是戴某某与证券公司、资产管理公司签订《资管合同》对A资管计划的投资；二是资产管理公司代表A资管计划与投资管理集团签订《合伙协议》，作为有限合伙人对Z企业的投资。一般情况下，根据合同相对性原则，戴某某无权为自己的利益直接起诉投资管理集团，其只能请求管理人资产管理公司代表A资管计划起诉投资管理集团违约或在资产管理公司怠于行使权利的情况下依法通过代位诉讼寻求救济。但是本案的特殊之处在于，资产管理公司与投资管理集团约定，相互间不起诉也不为投资者提供法律援助，且A资管计划已于一审判决前完成清算，即资产管理公司或投资者代表A资管计划提起诉讼的基础已不复存在，投资者难以通过常规的途径寻求救济。资管计划下的受益权属于《中华人民共和国侵权责任法》所保护的合法财产权益，《资管合同》外的第三人，知道或者应当知道债权债务关系存在，如违反了《中华人民共和国信托法》等以保护该权益为目的的法定义务，造成投资者合法权益受到损害的，行为人应承担相应的侵权责任。

本案中，资管计划项下Z企业份额转让价款虽系关联交易，但以第三方专业机构《资产评估报告》、生效仲裁裁决书作为价值基准，并在此基础上给予了一定的溢价补偿，且向投资者进行了公告，并无明显不当。资管计划项下投资损失主要发生于Z企业对四家“拟上市公司”“某55号”的投资：其中，对于“拟上市公司”，不能仅以项目公司的主观意愿作为判断标准。资产管理公司、投资管理集团均未能举证证明其对四家“拟上市公司”进行过合理审查即共同作出投资决策，存在过错，应承担连带责任。证券公司作为托管人，对具体投资项目仅承担表面审查义务，并无过错，不承担责任；对于“某55号”，该损失系投资管理集团擅自挪用资金投资造成，并由生效仲裁裁决确认，该裁决对资管计划及投资者具有约束力，投资管理集团应据此承担赔偿责任。证券公司未履行对划款指令的表面审查义务，导致资金脱离监管并实际用于违反约定的投资，具有过错，应承担相应补充责任。资产管理公司对此并不知情，且在事后就该损失提起仲裁，积极行使了权利，并无明显不当之处，无须承担责任。因Z企业份额转让价款已覆盖投资管理集团“某55号”项下赔偿责任，故该部分损失赔偿责任已消灭。综合考虑交易各方过错程度等相关因素，酌情确定戴某某自担投资本金损失的30%。经计算，资产管理公司、投资管理集团应就戴某某损失中的876597.95元承担连带赔偿责任。戴某某主张的预期收益、利息及律师费非固有利益或必要费用，不予支持。

上海金融法院依照《最高人民法院关于适用〈中华人民共和国民法典〉时

间效力的若干规定》第一条第二款，《中华人民共和国民法总则》第七条，《中华人民共和国侵权责任法》第二条、第八条、第十二条、第十五条第一款第六项，《中华人民共和国信托法》第二十五条第二款，《中华人民共和国证券投资基金法》第九条、第一百四十五条，2013年《中华人民共和国公司法》第二十七条，《中华人民共和国民事诉讼法》第五十五条第一款、第一百七十七条第一款第二项，《最高人民法院关于适用〈中华人民共和国民事诉讼法〉的解释》第九十条、第一百零九条、第三百一十七条、第三百二十一条之规定，判决如下：

一、撤销上海市虹口区人民法院（2020）沪0109民初5898号民事判决；

二、资产管理公司、投资管理集团连带赔偿戴某某投资款本金损失876597.95元；

三、驳回戴某某的其余一审诉讼请求；

四、驳回资产管理公司的其余上诉请求；

五、驳回投资管理集团的其余上诉请求。

【法官后语】

债权不具有物权的公示性，为防止侵权责任的泛化，一般不可获得赔偿，但对此类损失一律不予赔偿在某些情况下可能有违社会一般伦理观念。有观点指出，对于能够通过债务不履行规则解决的问题，应在准确界定相应法律关系的前提下，首先适用债务不履行的规则，避免将第三人侵害债权泛化，冲击正常的交易秩序乃至社会秩序。[①] 上述观点表明，侵权责任在债权救济中居于补充性的地位，只有穷尽合同法及其他特别法的救济，才可以选择侵权责任的一般条款寻求救济。面对缺乏法律明文规定而依据一般条款、一般法起诉而来的案件时，法院应该慎重对待、从严审核，不能纵容当事人为了直达目的而“抄近路”滥诉。

本案中，投资者享有的“受益权”是基于合同而创设，一般情况下，投资者主张受益权应基于违约的请求权基础，并受合同相对性原则的约束，戴某某

① 参见最高人民法院民法典贯彻实施工作领导小组主编：《中华人民共和国民法典侵权责任编理解与适用》，人民法院出版社2020年版，第18页。

无权为自己的利益直接起诉次级投资项目的受托管理人投资管理集团。但是本案的特殊之处在于：一是违约救济对投资者利益的保护并不完整。案涉资管计划包括两层架构，虽然《资管合同》《合伙协议》在内容上体现了较高的关联性，但资产管理公司与投资管理集团间不构成典型意义上的“通道业务”①，在两个合同中的权利义务也存在一定的区别②，投资管理集团在私募基金层面的违约行为不必然导致资产管理公司对投资者构成违约，两者在责任上也不必然重合，可能存在投资管理集团造成的损失无法通过合同获得救济的情形；二是投资者对投资管理集团没有其他适当的债权救济途径。对于投资管理集团损害案涉资管计划的行为，立法并未赋予特殊的救济手段，根据现有法律规定，投资者可寻求以下救济：（1）根据合同相对性，请求资产管理公司代表资管计划追究投资管理集团的违约责任。但本案中，两者已在《关于“资管计划”退出操作事宜之备忘录》中约定互不追究责任，该救济显然无法实现；（2）参照《中华人民共和国公司法》第一百八十九条规定，自行起诉投资管理集团，代表资管计划行使归入权。本案中，由于资管计划已注销，投资者亦无法行使归入权。故投资者在现有救济途径无法实现的情形下，直接起诉次级投资项目的管理人，不违反侵权责任介入债权保护的补充性要求。

另外，从实体角度而言，纯粹经济利益损失的发生通常具有间接性，不能“有损害就有救济”，故对债权的救济在实体责任上应受到一定的限制。主要的考量因素包括行为人可预见性、过错和行为自由三个方面。如果某种民事利益被普遍认为应当受到保护，从而赋予行为人必要的注意义务，则增强了对侵害人施以责任的正当性。本案中，从《资管合同》《合伙协议》及投资架构的设计

① 《全国法院民商事审判工作会议纪要》第九十三条规定，当事人在信托文件中约定，委托人自主决定信托设立、信托财产运用对象、信托财产管理运用处分方式等事宜，自行承担信托资产的风险管理责任和相应风险损失，受托人仅提供必要的事务协助或者服务，不承担主动管理职责的，应当认定为通道业务。

② 《资管合同》《合伙协议》均合法有效，本案不属于《中华人民共和国信托法》第三十二条中典型的共同受托人，资产管理公司、投资管理集团分别履行各自的合同义务，故而最终法院根据两者的行为及导致的相应损失分别认定其责任。

而言，投资者及投资管理集团对彼此的存在及职责均有清晰的认识，且案涉产品属于封闭的私募投资基金，投资者的范围与投资总额相对确定，故投资管理集团对最终的受害主体及损害金额均具有可预见性。同时，投资管理集团作为管理人根据《中华人民共和国信托法》对所管理的私募基金负有勤勉尽责的义务，当其违反该种法定义务即具有客观过错。最后，在界定受保护的利益范围时，要考虑行为人的行为自由。本案中，虽然第三人侵害债权的责任属于对一般侵权责任的扩张，但投资者的利益与《合伙协议》下私募基金的利益存在一致性，投资者突破合同相对性直接向终局责任人投资管理集团求偿，并不会导致其承担额外的赔偿责任，也不会增加投资管理集团基于《中华人民共和国信托法》而应履行的勤勉尽责义务，故不会导致对其行为自由和交易秩序的额外限制。由于投资管理集团不具有法定或约定的免责事由，其应向投资者承担相应的赔偿责任。

编写人：上海金融法院　王　鑫　阮申正

ISBN 978-7-5216-4351-0

图书在版编目（CIP）数据

中国法院2024年度案例．侵权赔偿纠纷／国家法官学院，最高人民法院司法案例研究院编．—北京：中国法制出版社，2024.5

ISBN 978-7-5216-4351-0

Ⅰ.①中…　Ⅱ.①国…②最…　Ⅲ.①侵权行为-赔偿-民事纠纷-案例-汇编-中国　Ⅳ.①D920.5

中国国家版本馆CIP数据核字（2024）第054093号

策划编辑：李小草　韩璐玮（hanluwei666@163.com）
责任编辑：韩璐玮　　封面设计：李宁

中国法院2024年度案例．侵权赔偿纠纷

ZHONGGUO FAYUAN 2024 NIANDU ANLI. QINQUAN PEICHANG JIUFEN

编者/国家法官学院，最高人民法院司法案例研究院
经销/新华书店
印刷/三河市紫恒印装有限公司
开本/730毫米×1030毫米　16开　　印张/14.5　字数/174千
版次/2024年5月第1版　　2024年5月第1次印刷

中国法制出版社出版
书号ISBN 978-7-5216-4351-0　　定价：68.00元

北京市西城区西便门西里甲16号西便门办公区
邮政编码：100053　　传真：010-63141600
网址：http：//www.zgfzs.com　　**编辑部电话：010-63141791**
市场营销部电话：010-63141612　　**印务部电话：010-63141606**

（如有印装质量问题，请与本社印务部联系。）